Gebroken cirke

Hameeda Lakho en
Magda van der Rijst

Gebroken cirkel

ARENA

Gebroken cirkel is het waargebeurde verhaal van Hameeda Lakho. Alle gebeurtenissen die erin worden beschreven zijn gebaseerd op Hameeda Lakho's herinneringen en ervaringen. Het ligt niet in de bedoeling van de auteur met dit verhaal afbreuk te doen aan de islamitische geloofsovertuiging. Voor de meeste personen in *Gebroken cirkel* zijn pseudoniemen gebruikt ter bescherming van hun privacy.

Omslagontwerp: Studio Ron van Roon, Amsterdam
Omslagfoto's: Amy Cameron Hall
Foto's binnenwerk: Hameeda Lakho, tenzij anders aangegeven
Typografie en zetwerk: CeevanWee, Amsterdam
ISBN 90 6974 445 7
NUR 301

Voor Gilmer, Rachel en Melanie,

mijn verleden, mijn heden en mijn toekomst

Inhoud

Proloog

Het was pas negen uur en toch leek het nu al alsof ik een zware dag achter de rug had. We waren die ochtend vroeg opgestaan. Ik had nauwelijks geslapen, was voor dag en dauw gaan douchen en stond om half zes klaar om naar Hilversum te rijden, wat volgens Gilmer, mijn man, te vroeg was. Zelfs in de spits zou het niet langer zijn dan een uur rijden en ik hoefde me pas rond negen uur bij John de Mol Producties te melden. Om half zeven had ik Rachel en Melanie wakker gemaakt. Onze dochters hadden moeiteloos vrij gekregen van school. Ik wist eigenlijk niet of het bijwonen van televisieopnamen wel zo interessant zou zijn voor meisjes van tien en acht jaar, maar ik wilde graag dat zij erbij waren. Gilmer steunde me door dik en dun, hij ontfermde zich over mij, hield zich bezig met mijn contracten en andere zakelijke dingen, maar bij presentaties en emotionele ontmoetingen waren het de meisjes die me kracht gaven. Als ik naar mijn dochters keek, begreep ik waarom ik het boek over mijn jeugd had geschreven. Wanneer ik hen 's ochtends tegen me aan voelde kruipen of 's middags hun blije gezichten zag als ze uit school kwamen en hun opgewonden verhalen over wat dan ook aanhoorde, dan wist ik waarom ik moeite deed om mijn eigen moeder, hun oma, naar Nederland te halen. Ik wilde ook een moeder hebben. Het verleden was niet meer terug te draaien, maar de toekomst zou ik niet zomaar over me heen laten komen. Drieëndertig jaar had ik het zonder moeder, zonder moederliefde en zonder de warmte van een thuis moeten doen. Nu had ik de kans om de band te herstellen en die verloren tijd in te halen. Daarvoor was maar één handtekening nodig: die van de Visadienst. Tot nu toe waren al mijn pogingen om verblijfsvergunningen voor mijn moeder, broer, zus en zwager te krijgen op niets uitgelopen. Misschien zou mijn boek, *Verborgen tralies*, de instanties duidelijk kunnen maken waarom het oneerlijk was mij en mijn zusjes een hereniging met onze Pakistaanse familie te onthouden. En als de kansen op het toekennen van visa groter zouden worden door in een televisieprogramma over *Verborgen tralies* te praten, dan was ik zeker bereid heel vroeg in de ochtend naar de studio te rijden.

De redactie van *Koffietijd!* ontving ons heel hartelijk. Ik was uitgenodigd om het een en ander te vertellen over *Verborgen tralies* dat begin oktober zou verschijnen. Natuurlijk zou ik over het boek en dus over mijzelf praten. Ik had al twee interviews achter de rug. Beide keren maakten de gesprekken meer los dan ik had verwacht. Keer op keer werd ik geconfronteerd met mijn pijnlijke verleden en dat zou voorlopig zo doorgaan. De pr-afdeling van uitgeverij Arena had diverse activiteiten voor mij geregeld: lezingen, signeersessies en een radio-interview. Maar dit, tv, een live-uitzending nog wel, was het zenuwslopendst. Ik realiseerde me heel goed dat in alle rust en eenzaamheid aan een boek werken heel iets anders is dan praten voor pakweg een paar miljoen mensen. Zorgvuldig had ik me aangekleed en natuurlijk was ik naar de kapper geweest, maar de zekerheid over mijn uiterlijk kon mijn innerlijke onrust niet wegnemen. Met Anne, de bureauredacteur, had ik uitvoerig gesproken om de uitzending voor te bereiden. Ik was hoofdgast in *Koffietijd!* en zou tussen andere onderwerpen door steeds weer aan het woord komen. Ik zou de hele uitzending bij de presentatoren aan tafel zitten. Afgelopen nacht in bed had ik nog bedacht hoe mijn houding moest zijn en dat ik vooral rustig zou moeten blijven. Maar nu, in de kleedkamer, gierden de zenuwen door mijn lijf. De presentatoren, Judith de Klijn en Sybrand Niessen, kwamen zich voorstellen, de visagiste werkte mijn make-up bij en Anne vroeg me mee te lopen om het draaiboek nog één keer door te nemen zodat ik kon zien hoe ik moest opkomen. Opkomen? Ik zou toch zitten? Het plan was dat ik via een deur de uitzending zou binnenlopen. Gilmer en de meisjes konden het programma in de kleedkamer bekijken, maar ze wilden liever op de tribune in de studio zitten. Ik was blij toen ik Elisabeth, de pr-medewerker van Arena, ontdekte. Ze had een exemplaar van *Verborgen tralies* bij zich. Het eerste. Mijn boek! Vers van de pers. Er borrelden gevoelens van trots op. Het was er nu dus echt. Lang kon ik er niet naar kijken want het boek moest mee naar de set. Tijdens de uitzending zou het regelmatig in beeld komen. Nog tien minuten en dan moest ik op. Het gaat goed, beloofden Gilmer, Anne en Elisabeth me. Ik was echter minder overtuigd van mijn kunnen. Toen Anne het sein gaf dat ik mee moest komen, kreeg ik een knipoog van Gilmer en een kus van mijn meisjes.

De opname was begonnen. Ik hoorde Judith de Klijn over mij en mijn vreselijke jeugd praten en wachtte op het signaal dat ik de deur moest openduwen. Als die gammele deur maar niet klemt, dacht ik net voordat mijn opkomst werd aangekondigd. Ik kreeg een seintje, duwde tegen het decor en stapte de huiskamer van al die kijkers binnen. Iedereen kon mij bekijken en ik zag niets. Ik was volkomen verblind door de belichting. Snel liet ik mijn ogen toch over de eerste rij gaan. Waar zaten Gilmer, Melanie en Rachel? Ik zag ze niet. Terwijl ik Judith en Sybrand een hand gaf, was ik me bewust van mijn eigen onhandigheid. Ik moest wennen aan het licht, de camera's, de stoel en de hele situatie. Ondertussen praatte Judith door. Ze had het over mij en mijn verleden. Over mijn vertrek uit Pakistan in 1968, mijn aankomst in Nederland en de hel waarin ik toen belandde. 'Hameeda,' hoorde ik haar zeggen terwijl ze duidelijk het woord tot mij richtte. 'Wat vond jij van Nederland toen je hier aankwam?' Mijn adem stokte in mijn keel. Even kon ik niet praten. Opnieuw, maar net even anders, leidde Judith haar vraag in. 'Hameeda, wat was je eerste indruk van Nederland...'

Verborgen tralies

Vreemd, vond ik Nederland toen ik er als vierjarig meisje in het najaar van 1968 aankwam. Vreemd en koud. Ik was bang voor de blanke mensen die ons opwachtten en in een onbegrijpelijke taal van alles tegen mij, mijn moeder en mijn zusjes zeiden. Ik was bang voor de grote man die amma, mijn moeder, omhelsde. Amma had ons voorbereid op deze reis en op de grote verandering die ons te wachten stond. Op een dag had ze verteld over baba, onze vader die al een paar jaar in Nederland woonde en werkte. Wij, mijn twee oudere zussen Zahida en Ayesha, mijn jongere zusje Yasmin en ik, woonden samen met mijn grootouders en de andere familieleden van mijn vader op het Pakistaanse platteland. Mijn moeder verdiende de kost met werken op het land en de verkoop van gedroogde koeienvlaaien. Wij hielpen haar vaak en ik herinner me van die tijd dat je met de koeienvlaaien torens kon bouwen en dat we met de geiten, de buffels en de ezel speelden. Op het erf klommen we op de houten wagens en schommelden in Yasmins wiegje dat onder de palmboom stond. Ons erf was de wereld en dat was veilig en vertrouwd. Wat wilde je nog meer? Amma wilde veel meer. In tegenstelling tot haar stiefbroer, halfbroer en halfzus had zij nooit de kans gehad om iets te leren. Van jongs af aan had zij het huishouden moeten doen. Op jonge leeftijd werd ze al uitgehuwelijkt aan haar stiefbroer, mijn vader. Zowel mijn vader als mijn moeder had een betere toekomst voor ogen. Voor zichzelf, maar, en dat gold zeker voor mijn moeder, vooral voor ons. Amma's wens was dat wij naar school zouden gaan zodat we een vak konden leren. Mijn vader deelde haar plannen. In Karachi bestonden maar weinig kansen om hogerop te komen. Mijn ouders leefden in een krot waarvan het dak lekte en de vloerbedekking uit drassige, aangestampte aarde bestond. Wij waren voortdurend ziek en ons enige broertje overleed onder die armoedige omstandigheden aan een longontsteking. Ik denk dat de dood van mijn jongere broertje, mijn moeders enige zoon, de directe aanleiding was om te vechten voor een betere toekomst. Mijn vader beproefde zijn geluk eerst in Saoedi-Arabië, maar kwam uiteindelijk in Nederland terecht. Ik was drie maanden oud toen hij vertrok. Ruim drie jaar later zocht hij ons weer op. Inmiddels waren wij van Karachi naar het platteland verhuisd. Mijn vader bleek een goede baan te hebben. Hij bracht geld, spullen en verhalen mee. Mijn moeder was daar natuurlijk blij mee maar hoopte vurig dat mijn vader weer bij ons in Pakistan zou komen wonen. Amma miste haar man en baba miste zijn vrouw en kinderen. Althans, daar leek het op, want hij besloot in Pakistan te blijven. Maar na drie maanden ging hij al overhaast terug naar Nederland. Hij liet mijn moeder zwanger achter. Kort na de geboorte van Yasmin belde mijn vader op en vertelde dat hij tickets en een huis voor ons had geregeld. Hij wilde dat wij met zijn allen naar Nederland zouden komen. Mijn moeder zag ertegen op de familie achter te laten maar tegelijkertijd had ze geen keus. Als ze een betere toekomst voor zichzelf en voor haar dochters wilde, moest ze de stap wagen. En zo vertrokken wij in oktober 1968 naar Nederland.

Het vertrek uit Pakistan en het afscheid van de familie waren hartverscheurend. De vliegreis was een hele belevenis. Ik herinner me de wuivende hand van mijn oma die tussen de deur klem kwam te zitten. En hoe Ayesha en ik vlak voor het landen met amma naar de wc gingen, de deur niet meer openkregen en er in het vliegtuig paniek uitbrak toen de bemanning erachter kwam dat wij niet in onze stoelen zaten. Op het laatste moment werden we 'bevrijd'. Ayesha en ik werden door de passagiers over de stoelen heen naar onze plaatsen getild.

De ontvangst in Nederland was overweldigend. Er waren mensen met bloemen, journalisten en fotografen en we werden vanaf Schiphol door een heuse delegatie naar onze flat in Rijswijk begeleid. Als vierjarig meisje onderging ik alles zonder vragen te stellen. Ik klampte me voortdurend vast aan mijn moeder. Pas veel later heb ik begrepen waarom we toen zo koninklijk werden ontvangen. Mijn vader werkte destijds bij Philips en zijn collega's hadden een collecte gehouden zodat mijn vader, die vriendelijke, eenzame gastarbeider, zijn gezin naar Nederland kon halen. Mijn vader werd met een gestoffeerd en gemeubileerd huis in Rijswijk en vier tickets op naam voor een voldongen feit gesteld. Hij zou in Holland met zijn gezin worden herenigd. Die liefdadigheidsactie haalde de regionale kranten.

Die eerste uren en dagen in Rijswijk zal ik nooit vergeten. Mijn vader was tegelijkertijd met de andere mensen weer vertrokken om bij de buren naar de olympische hockeywedstrijd tussen Nederland en Pakistan te kijken. Toen wij een beetje waren bijgekomen van alle indrukken gingen we voorzichtig op onderzoek uit. Waar waren we in vredesnaam terechtgekomen? In een afgesloten huis dat boven de bomen uitstak. Ik herinner me onze verbazing over de trappen, deuren en ramen, het stromende water en de wc. Wij waren gewend boven een gat in de grond te hurken. In Nederland hurkten we op de rand van de closetpot en probeerden wiebelend en balancerend een plas te plegen. Doortrekken bezorgde ons de schrik van ons leven. Evenals die grote rode kater die plotseling op het balkon sprong en de elektriciteitsschakelaars waarmee je het licht liet aan- en uitflitsen. Alles was nieuw en totaal anders dan ons erf in Pakistan. De man die mijn vader bleek te zijn vond ik eng en onvriendelijk maar zolang mijn zusjes en amma in de buurt waren, vertrouwde ik erop dat alles in orde zou komen. Toen mijn vader thuiskwam, maakte hij mijn moeder wegwijs in het huis. Hij legde uit hoe een en ander werkte en benadrukte dat ze nu in Nederland was en dat zij zich zo snel mogelijk de gewoonten en de taal eigen zou moeten maken. In de kast hing Nederlandse kleding en hij beval haar ervoor te zorgen dat wij onze Pakistaanse *shalwar-kamis,* een jurk met een wijde broek eronder, en *dopatta,* de bijbehorende sjaal, zouden verruilen voor maillots, rokken en truien. De toon waarop mijn vader tegen amma sprak, maakte mij bang. Hij klonk onaardig, maar amma praatte alles goed. Onze vader had jaren alleen geleefd en moest even aan ons wennen.

Al snel begreep mijn moeder dat mijn vader er een dubbelleven op na hield. Hij bleek een Nederlandse vriendin te hebben bij wie hij woonde. De verrassende actie van zijn collega's had hem in een lastig parket gebracht. Hij had hun aanbod niet durven weigeren en probeerde nu zijn tijd te verdelen tussen zijn Nederlandse en zijn Pakistaanse gezin. Mijn moeder was, als product van een traditionele cultuur, een volgzame vrouw. Pakistaanse vrouwen hebben niets in te brengen en mannen mogen er meerdere vrouwen op na houden. Na een paar dagen nam mijn vader Zahida, Ayesha en mij mee naar zijn vriendin in Scheveningen. Yasmin, de baby, liet hij thuis. We vonden het vreselijk om zonder amma op stap te gaan in dat vreemde land met al die witte mensen en hun kille, blauwe ogen. Mijn vaders vriendin was aanvankelijk aardig. Ze had een baby en ik vond het leuk om met dat jongetje te spelen. Hij heette, net als ons overleden broertje, Waheed en was mijn halfbroer. Steeds vaker nam mijn vader ons drieën mee naar die vrouw, die steeds onaardiger werd. Zodra mijn vader zijn hielen had gelicht, sloot zij ons in afzonderlijke kamers op. Die uren alleen in een kamertje waren een nachtmerrie. Ik was zo bang en miste mijn moeder vreselijk. Gelukkig haalde mijn vader ons 's avonds op en eenmaal terug bij amma vergaten we de narigheid van overdag. Volgens mijn moeder moesten we naar die vrouw toe om de Nederlandse taal en gewoonten te leren. Hoewel amma altijd alles wat mijn vader deed goedpraatte, liepen de ruzies tussen haar en mijn vader steeds hoger op. Mijn vader was een hardhandige, agressieve man die bij gebrek aan woorden gemakkelijk zijn handen gebruikte. In het begin werden wij weggestuurd als de ruzie begon, maar later waren wij vele keren getuige van de mishandelingen. Met kussens over ons hoofd wachtten wij totdat we de voordeur hoorden dichtslaan. Geruisloos kropen we dan naar amma toe en meer dan eens vonden we haar bloedend op de grond. We begrepen dat mijn moeder het niet eens was met de gang van zaken. Zij wilde naast haar man slapen, haar kinderen thuis hebben en zelfs zijn half Hollandse zoon was van harte welkom in haar huis. Mijn vader lachte haar vierkant uit en kleineerde haar. Hij was trots op zijn Nederlandse vriendin die hem in één keer een zoon had geschonken. Niets kon amma meer pijn doen dan zo'n opmerking. Binnen enkele weken na aankomst in Nederland bracht mijn vader ons naar een school in de buurt van ons huis. In het weekend moesten we naar zijn vriendin. Het leven kreeg een soort ritme en net toen we eraan gewend waren, veranderde alles. We werden overgeplaatst naar een school in Scheveningen en brachten nu meer tijd bij mijn vaders vriendin door. Zij bemoeide zich met ons gedrag en uiterlijk. 'Luizenbalen, dat zijn jullie,' riep ze terwijl ze lukraak onze zwarte lokken verknipte. Mijn moeder was laaiend toen ze onze mislukte kapsels zag. Ze vond de gedachte dat die vreemde vrouw ons aanraakte ondraaglijk. 'Dit gaat helemaal fout,' zei ze tegen mijn oudste zus. 'Wij gaan terug naar Pakistan.' Maar voordat zij een plan kon maken, ontvoerde mijn vader amma en Yasmin. Tegen ons vertelde hij dat hij samen met amma en Yasmin naar Pakistan was gereisd om lalli, onze oma, te gaan halen. Mijn moeder had hulp nodig om ons in Nederland te kunnen opvoeden, zo legde mijn vader uit. Maar toen hij na twee maanden terugkwam, vertelde hij met een verdrietige blik in zijn ogen dat amma en Yasmin tijdens de reis waren verongelukt. Amma bestond niet meer. Toen Zahida iets wilde vragen stak hij gebiedend zijn hand op: 'Nee, geen vragen. Over amma wil ik niets meer horen. Vanaf nu hebben jullie een nieuwe moeder.' Terwijl hij dat zei, wees hij naar zijn Nederlandse vriendin. 'Zij is jullie nieuwe mama.'

De jaren die volgden waren in één woord afgrijselijk. Op het oog leken we een net gezin. We zagen er verzorgd uit en gedroegen ons braaf en nederig. Die onderdanigheid werd er letterlijk in geslagen. Mijn vader noch zijn vrouw, ze waren inmiddels getrouwd, duldde ongehoorzaamheid. Je bord niet leeg eten leidde tot klappen. Eten vormde voor mij een terugkerend probleem. Ik ontwikkelde een eetstoornis die jaren zou aanhouden. Als ik uit angst overgaf, werd ik gedwongen het braaksel op te eten. Voor een onvoldoende op school werden we in elkaar gemept en ook dat had gevolgen voor onze ontwikkeling. Ik was bijvoorbeeld van de ene op de andere dag gaan stotteren. Er kwam geen woord normaal over mijn lippen. Mijn ouders waren de trotse eigenaars geworden van een wasserij waarin wij in het weekend meewerkten. In huis waren wij voor alles verantwoordelijk. Voordat we naar school gingen moest het huis gestoft en gestofzuigd zijn. Als we uit school kwamen, deden we boodschappen, de was, de strijk en begonnen we met koken. In de vakantie werden de huishoudelijke klussen zwaarder en kregen we extra taken zoals domweg hoofdstukken uit schoolboeken uit ons hoofd leren. Elke avond overhoorde onze vader de stof die hij had opgegeven. Een fout betekende een klap. Soms was er geen enkele aanleiding maar werden we toch geslagen. Het was nooit gezellig bij ons thuis. Angst voor een pak slaag beheerste ons handelen. De sfeer was dag en nacht gespannen. Ik wist niet beter of het hoorde zo, totdat ik een schoolvriendinnetje kreeg en merkte dat het bij haar thuis heel anders was. Die ervaring was de aanleiding om van huis weg te lopen. Dat was de eerste poging om mijn situatie te ontvluchten. De poging mislukte, maar ik wist nu dat het anders kon zijn tussen ouders en kinderen. Ik zag moeders met hun kinderen spelen en lachen. Op die momenten miste ik amma, over wie Zahida, Ayesha en ik in het geheim spraken. Nog altijd hadden we een fotootje van haar en soms keken we er met zijn drieën naar. Dat maakte ons verdrietig, maar het gaf mij ook energie om me tegen mijn vader en stiefmoeder te verzetten. Ik wilde een leuker leven. Er waren maar weinig mensen met wie wij contact hadden. De enigen bij wie we kwamen waren de ouders, de broer, de schoonzus, en de familie van mijn stiefmoeder. Vooral Annie, haar schoonzus, had in de gaten dat er iets niet in de haak was bij ons thuis. Op een keer ontdekte ze blauwe plekken. Toen ze het ter sprake bracht, werd haar de mond gesnoerd en zijn we in geen weken bij haar op bezoek geweest. Toen ik twaalf was, had ik een vijf op mijn rapport. Ik wist dat daarvoor rake klappen werden uitgedeeld en ik besloot niet naar huis maar naar Annie te lopen. Midden in de nacht kwam ik er aan. Annie schrok heel erg, haalde me binnen, praatte met me en belde uiteindelijk toch mijn stiefmoeder. Mijn vader pikte mij woedend op. Onderweg stopten we bij het politiebureau. Mijn ouders hadden me als vermist opgegeven. Die nacht had ik voor het eerst contact met rechercheur Den Boer van de politie. Thuis volgde de afranseling.

In financieel opzicht ging het mijn ouders voor de wind, maar de onderlinge relaties werden er helaas niet beter op. Mijn zusjes en ik vervreemdden van elkaar doordat we regelmatig tegen elkaar werden uitgespeeld. De een moest de ander in de gaten houden en we kregen straf als ontdekt werd dat we elkaar de hand boven het hoofd hielden. Om niet allemaal straf te krijgen, was het handiger de ander te verraden en zo werden we klikspanen. Mijn vader en stiefmoeder ergerden zich al jaren aan het feit dat we van meisjes in jonge vrouwen veranderden en nu ik, de jongste, ook menstrueerde en borstjes ontwikkelde, meende mijn vader helemaal in een huis vol hoeren te wonen, zoals hij dagelijks zei. Mijn vader heeft ons nooit seksueel misbruikt, maar wel geïntimideerd. Hij en ook mijn stiefmoeder maakten obscene opmerkingen terwijl ze mijn naakte, intieme delen sloegen. Zahida en Ayesha ondergingen hetzelfde lot. Waarom mijn vader en stiefmoeder zich zo lieten gaan, weet ik niet, maar in die tijd was het gewoon voor ons, we wisten niet beter en dachten dat we het zelf uitlokten. Pas veel later ben ik tot het inzicht gekomen dat wij slachtoffers waren van ernstige kindermishandeling.

Het lukraak millimeteren van onze haren was een van de vaste rituelen, ook nu we alle drie op de middelbare school zaten. Op een avond was het weer zover en ik durfde te vragen of mijn stiefmoeder mij wilde overslaan. Ik zag aan haar ogen dat de vraag volkomen verkeerd viel. Ik herkende die woedende blik. Ik wist tot welke agressieve waanzin die kon leiden. Bijna tien jaren van mishandeling lagen achter me en ik wilde niet meer geslagen en gestraft worden. In een opwelling besloot ik te vluchten. Ik griste een spaarpot mee, trok een jas van de kapstok en holde de trappen af. Een zwerftocht via Den Haag naar Amsterdam, van nachten op perrons en in portieken, eindigde bij het Amsterdamse JAC. Daar vandaan werd ik naar Stichting Release in Den Haag gebracht. Via deze organisatie kwam ik op verschillende opvangadressen terecht. Ik was eenzaam. Omdat ik niet wilde dat iemand wist waar ik woonde, werd mij verboden contact met de buitenwereld te zoeken. Ik zat als het ware ondergedoken totdat mij een plaats in een kindertehuis zou worden toegewezen. Op een zonnige dag in april ging ik tegen alle adviezen in toch de straat op en daar werd ik herkend door een politieagent. Mijn foto hing op de Haagse bureaus en de agent nam me mee. Rechercheur Den Boer had mijn verhaal inmiddels al meerdere malen gehoord en mij in bescherming genomen. Hoewel hij mijn vader nooit was afgevallen, heb ik altijd gevoeld dat hij begreep wat er bij ons thuis aan de hand was. Ook nu stelde hij mij gerust, maar hij zei wel: 'Hameeda, je moet naar huis want je bent minderjarig en we hebben de medewerking van je ouders nodig om je officieel uit huis te plaatsen.' Ik was in geen maanden thuis geweest en nu bracht die grote politieman mij terug naar mijn vader. Rechercheur Den Boer gaf aan dat de kinderbescherming contact zou opnemen met mijn ouders. Hij liet me achter op de plaats die ik enkele maanden eerder was ontvlucht. Mijn ouders sloten me op en deden alsof ik niet bestond. Mijn zusjes durfden geen contact met me te zoeken. Twee weken lang sprak niemand met mij. Ik leefde op water en brood. Op de een of andere manier wist ik wanneer de kinderbescherming mijn ouders en mij hadden uitgenodigd voor een gesprek. Mijn ouders waren niet van plan te gaan. Ik wist weg te komen en deed daar mijn verhaal. Zij raadden mij aan terug te gaan naar huis en ze beloofden de zaak zo snel mogelijk af te handelen. Toen mijn vader doorkreeg dat ik wel naar de kinderbescherming was gegaan, werd hij gek van razernij. Eerst werd ik dagen opgesloten om daarna, toen er verder niemand in huis was, zwaar mishandeld te worden. Buiten zinnen verliet ook mijn vader daarna de woning. Bont, blauw en bloedend ben ik naar het politiebureau, naar rechercheur Den Boer, gestrompeld. Ik hoefde niets meer uit te leggen. Er werden foto's van mijn verwondingen gemaakt en Den Boer zei: 'Jij hoeft nooit meer terug, Hameeda. We gaan nu echt een oplossing zoeken.'

Van mijn veertiende tot mijn negentiende woonde ik in kindertehuizen. Hoewel het wonen in een tehuis mij veel beter beviel dan het leven thuis, voelde ik me ook daar eenzaam. Ik verwachtte eindelijk vrij te zijn maar de gebeurtenissen uit het verleden leidden tot nachtmerries. Ik voelde me een gevangene van mijn herinneringen. In het tehuis kwam ik in aanraking met criminaliteit, depressies, zelfdoding, leugens en bedrog. Ik moest weerbaarder worden tegenover de andere kinderen en de buitenwereld. Je wordt er namelijk op aangekeken dat je in een tehuis zit. Dat voel je en dat zeggen mensen je ook midden in je gezicht. Zelfs docenten op de middelbare school durfden daarop te wijzen. Het was niet verwonderlijk dat het op school niet echt vlotte, maar met veel moeite kwam ik toch in vijf havo terecht. Inmiddels had ik ook een bijbaantje in een modewinkel in Scheveningen. Daar ontmoette ik Gilmer. We kregen verkering en toen ik vlak voor mijn negentiende het tehuis moest verlaten, trok ik bij hem in.

Met mijn zussen had ik zelden contact. Zij schreven wel, maar ik kon het niet opbrengen te reageren. In 1981, drie jaar nadat ik van huis was weggelopen, durfde ik het eindelijk aan Ayesha's brieven te beantwoorden. We besloten elkaar weer eens te ontmoeten. In eerste instantie herkende ik Ayesha niet eens. Pas toen ze iets zei en ik haar stem hoorde, begreep ik dat de jonge vrouw die voor me stond mijn zus was. Eind 1979 was ze na een zware tijd ook van huis weggelopen en bij Zahida ingetrokken die enkele weken daarvoor door mijn vader op straat was gezet. Ik had het balletje kennelijk aan het rollen gebracht. Terwijl Ayesha sprak, zag ik dat ze nog steeds haar tanden in haar nagelriemen zette. Een hardnekkige zenuwtrek waar mijn vader woedend om kon worden. Ayesha was altijd de meest volgzame geweest en het verbaasde mij dat zij was vertrokken. 'Waarom?' wilde ik weten. 'Ik werd uitgehuwelijkt,' vertelde Ayesha. 'Ik werd uitgehuwelijkt aan een oude Pakistaanse man. Samen met papa, onze stiefmoeder en Waheed ben ik naar Pakistan gereisd. Op de dag van het huwelijk werd er een stokje voor het huwelijk gestoken.'

'En wie voorkwam dan dat jij met die oude vent moest trouwen?' vroeg ik. Ik vergeet nooit Ayesha's oogopslag toen ze antwoordde: 'Amma.' Onze moeder was niet dood, ze had zelfs nooit een ongeluk gehad, maar leefde samen met ons jongere zusje Yasmin en nog een broertje in Pakistan. Geschokt keek ik haar aan; ik was verbijsterd.

Enerzijds was ik dolblij dat amma nog leefde. Ik voelde de hoop dat alles ooit goed zou komen, dat ik een gewoon kind met een echte moeder zou zijn. Aan de andere kant waren er ook onbegrip en boosheid dat amma ons nooit uit die hel had gered. Ayesha legde uit dat mijn vader onze moeder had verboden contact te zoeken. Amma was afhankelijk van mijn vaders geld om haar twee jongste kinderen in Pakistan naar school te laten gaan. Ayesha schreef regelmatig naar onze moeder en amma vroeg naar mij. Ik wist me met mijn gevoelens geen raad. Ik gaf mijn moeder de schuld van onze afgrijselijke kindertijd. Ik voelde me in de steek gelaten door mijn moeder en wist niet of ik haar zou kunnen schrijven. Uiteindelijk stuurde Ayesha haar een aantal foto's van mij en een vakantiekiekje waarop Gilmer en ik vrolijk met een glas wijn proosten. Mijn moeder reageerde afkeurend omdat ik met een donkere man omging én omdat ik wijn dronk. Een moslim drinkt niet. Ik, een moslim? Ik was Hollandser dan Hollands. Wist niets van Pakistan, de cultuur, de gewoonten of de godsdienst. Briesend van woede en snikkend van teleurstelling gooide ik al mijn onzekerheden, ergernissen en ongemak eruit. Ayesha probeerde me te sussen door uit te leggen dat amma ervan overtuigd was dat haar man, onze vader, zijn dochters liefdevol had opgevoed. Ik begreep er helemaal niets meer van en was boos. Ik wilde niets meer met mijn ouders, met Pakistan of met mijn zussen te maken hebben.

Toch bleef het gebrek aan een moeder en haar liefde knagen. Na de geboorte van mijn dochters werd het gemis steeds sterker. De liefde die ik voor mijn kinderen voelde, had mijn moeder toch ook voor mij gevoeld? Ik miste die onvoorwaardelijke moederliefde. Ik miste mijn moeder ook om van haar te leren. Ik realiseerde me hoe alleen ik in de wereld stond. Ik had geen achtergrond, geen wortels, geen eigen cultuur. Ik was en ben een Pakistaanse die in Nederland is opgegroeid. Mijn kinderen zijn half Pakistaans en half Surinaams. Van hun vader horen ze vrolijke verhalen over zijn achtergrond, zijn volk en zijn familie. Wat kon ik hun vertellen? Na verloop van tijd en na een aantal stevige depressies werd me duidelijk dat ik mijn achtergrond moest leren kennen. Ik wist te weinig over mijn verleden en miste daardoor houvast om aan een toekomst te werken. Er waren te veel vragen en de enige die antwoord zou kunnen geven, was amma. En dus besloot ik op zoek te gaan naar mijn moeder en naar mijn wortels.

Alles wat ik mijn hele leven diep had weggestopt, begon nu mijn aandacht op te eisen. Ik las over het leven in Pakistan. Boeken, tijdschriften en documentaires informeerden mij over de hechte familiebanden binnen de Pakistaanse gemeenschap. Ik leerde over het onderdanige gedrag en de volgzaamheid van de vrouwen. Ik voelde afgrijzen over het autoritaire gedrag van de mannen en over het feit dat 'ongehoorzame' vrouwen mishandeld mogen worden. Nog steeds worden er jaarlijks duizenden eremoorden gepleegd. Door erover te lezen probeerde ik begrip voor mijn moeders situatie en keuze op te brengen. Of eigenlijk was er geen sprake van kiezen. Ze had gewoon te gehoorzamen. Ik vroeg Ayesha hoe amma leefde, of zij van top tot teen gesluierd was. Telkens als Ayesha over amma vertelde, groeide mijn verlangen haar te zien. Zomaar op eigen houtje naar Pakistan gaan, kon gevaarlijk zijn. Mijn vader was goed op de hoogte van wat er zich tussen ons afspeelde. Hij schreef met mijn moeder en zijn familie. Ik moest een andere manier zien te vinden om haar te ontmoeten. Ik probeerde de televisie. *Spoorloos* was geïnteresseerd maar hield een slag om de arm vanwege de gevaren in Pakistan. Uiteindelijk was het Zahida, mijn oudste zus, die de stoute schoenen aantrok en samen met een journalist naar Pakistan reisde om mijn moeder te zoeken.

Na negenentwintig jaar geen contact te hebben gehad vond Zahida onze moeder en bracht enkele dagen met haar door. Toen Zahida terug was, brandde ik van nieuwsgierigheid en wilde ik alles weten, maar Zahida kon haar ervaringen en haar gevoelens niet met mij en Ayesha delen. Woedend was ik. Waarom vertelde ze niet uitgebreid over amma, over hun ontmoeting, over de toekomst... Ik besefte dat er te veel was misgegaan in ons leven. Als kinderen waren we geestelijk kapotgemaakt. Alles was ons afgenomen: onze moeder, ons zusje, onze kindertijd, onze jeugd en – misschien wel het ergste van alles – ons saamhorigheidsgevoel. Ayesha en Zahida hadden amma ontmoet en haar warmte gevoeld. Ik wilde ook een moeder en mijn moeder wilde mij. Dat bleek uit een brief die Ali Nawaz, het voor mij onbekende broertje dat na Yasmin was geboren, mij schreef. Eind januari 1997 schreef ik een brief naar mijn moeder en ik vroeg haar met Yasmin en Ali Nawaz voor een vakantie naar Nederland te komen. Tot mijn opluchting luidde hun antwoord: JA. In juli zou de hereniging plaatsvinden. Tot die tijd schreven we veel. Ik kreeg antwoord op een aantal vragen en begreep dat mijn vader voortdurend had gelogen: tegen ons over amma en Yasmin, tegen amma over ons. Mijn moeder onthulde dat mijn vader indertijd Pakistan had moeten ontvluchten wegens frauduleuze praktijken. Die man was echt fout, dat werd me steeds duidelijker. De komst van mijn moeder zou meer aan het licht brengen en als ik de kans kreeg, zou ik mijn vader voor het gerecht slepen.

Het weerzien in die zomer van 1997 was uiterst emotioneel en intens. Ik voelde meteen een band met Ali Nawaz, mijn broer die indertijd in Nederland was verwekt. Van mijn moeder kon ik geen genoeg krijgen. Zij toonde zich trots, maar leek niet te willen begrijpen waarom wij geen contact meer hadden met mijn vader, *haar* man. Ze kon niet accepteren dat hij ons had mishandeld. Ze vertelde vol ontzag en met diep respect over de wijze waarop hij als jonge man een huis in Holland had geregeld en zichzelf had opgeofferd voor de toekomst van zijn dochters. Ik raakte nogal geïrriteerd als ze zo met ontzag over die gewelddadige vent sprak. Ik verachtte hem tot in het diepst van mijn ziel. Begreep amma dan niet wat hij ons had aangedaan? Op een keer vroeg ze of wij de kranten uit 1968 nog hadden waarin de foto's van onze aankomst op Schiphol stonden. Kranten? Foto's? Ik dook in de archieven en rolde van de ene ontdekking in de andere. Zo kwam ik er ook achter dat mijn ouders al meer dan vijfentwintig jaar officieel waren gescheiden zonder dat mijn moeder het wist. Volgens de akte had mijn moeder afstand gedaan van haar drie dochters Zahida, Ayesha en Hameeda. Mijn vader had valsheid in geschrifte gepleegd. Mijn moeder was dagen van slag toen Ali Nawaz en ik het haar vertelden. Ze stond erop haar ex-man te ontmoeten. Met z'n vijven, amma, Yasmin, Ali Nawaz, Ayesha en ik, hebben we hem onaangekondigd opgezocht. Mijn vader was met stomheid geslagen toen hij amma voor zijn deur zag staan. Hij probeerde zijn gezicht te redden door te vragen waarom ze niet had laten weten dat ze in Nederland was. Amma zei niet veel maar duwde Ayesha en mij in zijn richting. 'Wie zijn dat?' vroeg hij in het Sindhi. Met die vraag viel hij door de mand. Mijn moeder begreep dat wij de waarheid hadden verteld. Haar schijnverleden, alle leugens en het feit dat ze al meer dan vijfentwintig jaar voor de familie van haar man zorgde zonder dat ze wettelijk getrouwd waren, kwamen keihard aan. Haar leven was aan het wankelen gebracht. Ze wist niet wat ze moest doen. Terug naar lalli, de moeder van mijn vader, wilde ze niet. Mijn hartenwens was mijn familie in de buurt te houden, maar de vakantievisa stonden het hun niet toe langer in Nederland te blijven. De hereniging liep ten einde en Ali Nawaz, Yasmin en amma besloten terug te gaan naar Pakistan om ter plekke de zaak te regelen. Ten eerste wilde mijn moeder niet meer worden gedwongen tussen haar Nederlandse en Pakistaanse kinderen te kiezen. Ze wilde bij haar kinderen kunnen zijn en de mogelijkheid hebben zowel in Nederland als in Pakistan te verblijven. Wij zouden de procedure voor permanente verblijfsvergunningen opstarten. Ten tweede wilde ik mijn vader voor de rechter ter verantwoording roepen wegens kindermishandeling en valsheid in geschrifte.

Ik ging op zoek naar een advocaat en kwam terecht bij mr Nolet. Hij was onder de indruk van ons levensverhaal, maar om daadwerkelijk stappen te kunnen ondernemen had hij bewijsmateriaal nodig. Bewijs dat ik in kindertehuizen had gewoond, bewijs van mishandeling, foto's, getuigenverklaringen en politierapporten. Ik voelde me strijdlustig en begon mijn zoektocht. Op veel plaatsen vond ik materiaal dat als bewijs zou kunnen dienen, maar veel vaker bleek het administratief onmogelijk de benodigde informatie zwart op wit te krijgen. De kindertehuizen waren gereorganiseerd en er was niemand die wist waar de dossiers van de jaren zeventig en tachtig waren gebleven. Het archief van het politiebureau in Rijswijk werd verhuisd en het werd rechercheur Den Boer om privacyredenen afgeraden een verklaring af te leggen. De Raad voor de Kinderbescherming kwam er domweg niet aan toe voor mij in de archieven te duiken. Na verloop van tijd vond mr Nolet toch dat we voldoende materiaal hadden om mijn vader en stiefmoeder te dagvaarden. Mijn vader liet er geen gras over groeien en nam advocaat Moszkowicz in de arm. Mijn ouders weerlegden alle aantijgingen. Ik hoopte vurig dat de zaak zou voorkomen. Ik wilde uit mijn vaders mond horen dat hij fouten had gemaakt of hem op zijn minst confronteren met de mening van een rechter die vaststelt dat wij in onze kinderjaren onherstelbaar beschadigd zijn. Er kwam een rechtszaak. Beide partijen werden opgeroepen en in oktober 1998 vond in het Haagse Paleis van Justitie de confrontatie, de zogenaamde comparitie van partijen, plaats. Ayesha en ik stonden tegenover mijn vader en zijn vrouw. Zahida kon het niet aan om eisende partij te zijn. De rechter hoorde ons aan. Tot op de dag van vandaag is er geen uitspraak. Een belangrijk aspect in de zaak was de verjaringstermijn. Op 19 oktober 2000 werd die verlengd van vijf naar twintig jaar waardoor de procedure blijft lopen.

Naast de rechtszaak liep ook de aanvraag van de verblijfsvergunningen. Ik had nauwelijks problemen verwacht. In ons geval was gezinshereniging toch de enige mogelijkheid om iets van het verleden goed te maken. Het tegendeel bleek waar. De Visadienst wees de vergunning af omdat er al sinds 1968 geen sprake meer was van een familieband. Het feit dat mijn moeder bij ons was weggehaald werd nu als reden aangevoerd om haar geen verblijfsvergunning toe te kennen. De vraag om visa werd een eindeloos en jarenlang getouwtrek zonder resultaat. Hoewel ik met enige regelmaat naar Pakistan ging om mijn familie op te zoeken, wilde ik dat mijn moeder, broer en zus ook in Nederland zouden mogen wonen. Ik wilde mijn moeder terug en begreep niet waarom dat niet geregeld kon worden. Toen de zoveelste afwijzing kwam, raadde een vriendin me aan de publiciteit te zoeken. Ik schreef Henk van der Meyden van *De Telegraaf*. Mijn verhaal raakte hem en hij publiceerde het in drie delen; hij pleitte voor openheid inzake kindermishandeling en sloot af met het dringende verzoek visa te verstrekken aan mijn familie. Het was Henk van der Meyden die me op het idee bracht mijn levensverhaal in boekvorm uit te brengen. Vanaf mijn kindertijd had ik dagboeken bijgehouden. Ik kon niet anders dan schrijven om alle ellende enigszins te verwerken. Tijdens een van mijn reizen naar Pakistan vertelde ik mijn moeder dat ik een boek over mijn leven, waarin zij een grote rol speelde, ging schrijven. Ik vroeg wat zij ervan vond en ze toonde haar trots. Ik had haar goedkeuring nodig om verder te gaan. Ik vond een uitgever en hoopte met het boek een bijdrage te leveren in de strijd tegen kindermishandeling. Met het schrijven van *Verborgen tralies* kon ik een punt achter een deel van mijn verleden zetten. Het verschijnen van *Verborgen tralies* betekende voor mij een einde, maar ook en vooral een nieuw begin met mijn moeder.

Mijn verleden openbaar

Het schrijven van *Verborgen tralies* heeft mij niet alleen geholpen mijn verleden te verwerken. Ik werd me er steeds meer van bewust dat *Verborgen tralies* ook een mogelijkheid bood om vanuit mijn eigen ervaring een positieve bijdrage te leveren aan verhulde maatschappelijke misstanden. Ik wilde duidelijk maken dat alles wat mij en mijn zussen is overkomen in elk huis en in elke buurt kan gebeuren. Zelf heb ik een zesde zintuig ontwikkeld om kindermishandeling te signaleren. Ik herken het gedrag van de slachtoffertjes onmiddellijk. Door er veel met anderen over te praten hoopte ik dat meer mensen oog zouden krijgen voor dergelijke situaties. Met het boek kon ik ook inzicht geven in de problematiek van multiculturele gezinnen en de specifieke dilemma's waar allochtonen van de tweede en derde generatie voor staan. Het boek was af, maar voor mij lagen er nog veel taken. Er moest een plan komen. En dat plan kwam er. Vanaf het moment dat *Verborgen tralies* in de winkel lag, nam mijn leven een vlucht. Ik werd gevraagd voor lezingen en signeersessies met als doel het boek te promoten en tegelijkertijd stroomden de verzoeken binnen om deel te nemen aan inhoudelijke discussies over kindermishandeling en een leven tussen twee culturen. Ik wilde absoluut meewerken maar kwam er al snel achter dat ik nu op een andere manier keihard met het verleden werd geconfronteerd. Het boek gaf mij vertrouwen. De verschijning ervan betekende voor mij de bevestiging dat mijn leven niet zinloos was, maar dat ik juist anderen kon helpen. Maar het boek betekende óók dat alles wat ik de voorgaande twintig jaar angstvallig verborgen had gehouden, nu algemeen bekend zou worden. Alle dingen waarover ik nooit sprak, waarvoor ik me altijd had geschaamd, werden nu openbaar. Mijn leven stond opnieuw in het teken van mijn verleden, terwijl ik me zo graag op de toekomst wilde richten.

In augustus 2000, toen *Verborgen tralies* bij de drukker lag, was het precies een jaar geleden dat het artikel over mijn verleden en mijn gevecht voor visa in *De Telegraaf* stond en Henk van der Meyden mij aanspoorde een uitgever te zoeken. En dat had ik gedaan. Bij Arena vond ik een uitgever die in mijn verhaal geloofde. In de winter en het voorjaar van 2000 werkten we keihard aan het schrijven, de redactie en de productie van het boek. En nu was het moment aangebroken dat ik met de uitgeverij de pr-activiteiten besprak. Ik vond alles nog steeds onwerkelijk en voelde me onzeker. Ik besefte nauwelijks dat ik in een jaar tijd een boek had geschreven. 'Wie gaat er nou een boek van een half Pakistaanse lezen?' zei ik tijdens dat gesprek. 'Hameeda, jouw verhaal is uniek en tegelijkertijd universeel. Het gebeurt in de omgeving van de lezer zelf. Kindermishandeling en het leven tussen twee culturen zijn actuele onderwerpen,' zo werd me verzekerd. Het duizelde me, maar veel tijd om te duizelen kreeg ik niet want Elisabeth die over de publiciteit ging presenteerde me een actielijst. 'Zullen we de interview-aanvragen eens doorlopen en beoordelen met wie en wanneer je wilt praten...' Langzaam maar zeker begon het goed tot me door te dringen dat het boek tot leven zou komen. Ik zou erover gaan praten. Ik zou aan volslagen vreemden moeten vertellen over mijn jeugd, over de vernederingen, over de tijd in kindertehuizen, over mijn verlangen naar amma. Ik zou het doen maar ik zag er gigantisch tegenop. De nachtmerries van vroeger, die tijdens het schrijven van het boek waren teruggekomen, haalden me nu weer uit mijn slaap. Maar zodra ik wakker werd, voelde ik me sterker en wist ik dat ik door zou zetten.

Het eerste grote interview werd door een redactrice van *Libelle* afgenomen.* Ik vond het doodeng en koos voor de meest veilige omgeving: thuis. Ik verwachtte een felle tante, maar het tegendeel was waar. Jolanda kwam met een grote bos bloemen, stelde me op mijn gemak, praatte eerst wat over mijn huis en de kinderen en liet me langzaam op gang komen. Net als tijdens het schrijven van het boek raakte ik ook nu weer geëmotioneerd als ik mezelf hoorde vertellen hoe we geslagen werden en hoe minderwaardig ik me voelde doordat ik in kindertehuizen had gewoond. Deze redactrice

* Zie pagina 165.

en later ook anderen raakten zelf van slag als ze mijn verhaal tot zich lieten doordringen. Natuurlijk voelden ze medeleven en waren ze verbaasd dat ik nog steeds de kracht kon opbrengen om door te vechten, maar ze raakten vooral uit hun doen door het feit dat kindermishandeling zo dicht bij huis kan plaatsvinden. Zonder dat je het merkt, zonder dat je het weet, zonder dat je er aandacht aan schenkt. Na *Libelle* stonden andere tijdschriften op de agenda. En toen was daar ook ineens televisie. *Koffietijd!*, *Hart van Nederland* en later *Barend & Witteman*. In de loop van de tijd zouden meer tijdschriften, kranten, radio- en tv-programma's volgen. De interviews gingen me steeds beter af. Niet dat ik routinematig antwoorden gaf, maar het lukte me afstand te nemen en niet alles keer op keer te herbeleven en tot in mijn hart te laten doordenderen. Vooral tijdens de lezingen was dat van groot belang.

Mijn eerste lezing was op aanvraag en zou op de Haagse Hogeschool plaatsvinden. *Onderdrukking van vrouwen* was een thema dat de studenten op verschillende manieren moesten uitwerken. Naar aanleiding van *Verborgen tralies* werd ik uitgenodigd. Ik had totaal geen ervaring met lezingen, vond het bij voorbaat eng en stelde voor de lezing anders aan te pakken. Tijdens een interview op het podium voor de grote groep zou ik mijn verhaal toch ook kunnen vertellen... Dat werkte goed. Het werd een enerverende middag en het succes van die eerste bijeenkomst gaf mij moed voor alles wat erna kwam. Mijn onzekerheid en angst om in het openbaar te spreken raakte ik langzaamaan kwijt en na een aantal keren verzorgde ik de lezing helemaal zelf. De lezingen verliepen bijna allemaal hetzelfde. In eerste instantie is de sfeer ontspannen en vrolijk. Ik ben zelf opgeruimd en goedlachs als ik vertel over de praktische cultuurverschillen die na onze aankomst in Nederland tot grappige situaties leidden. Maar al snel wordt mijn toon ernstiger en de stemming in de zaal meer geladen. Meestal is het muisstil als ik vertel over de mishandelingen, de vernederingen, het bedrog en mijn zoektocht naar mezelf. Als ik ben uitgepraat, is het niet alleen voor mij de hoogste tijd voor een pauze. Het publiek moet ook bijkomen. Na de pauze is er gelegenheid tot het stellen van vragen die variëren van meer uitleg over bepaalde situaties tot de huidige stand van zaken met betrekking tot de rechtszaak. Altijd wijs ik mijn publiek erop dat ik mijn verleden heb overleefd. 'Ik ben niet meer het meisje dat mishandeld werd. Nee, ik ben de vrouw die zich niet bij zo'n verleden heeft neergelegd.' Ik weet dat die houding anderen moed en energie kunnen geven om hun eigen situatie aan te pakken. Er zijn altijd mensen die pas na afloop contact zoeken en hun vraag durven te stellen. Ik zorg er altijd voor dat die gelegenheid er is, want ik besef hoe belangrijk het is gehoord te worden. Na de eerste lezing was ik doodmoe. Ik had mijn verleden voor de zoveelste keer herbeleefd.

Ik was door mijn boek in een andere wereld beland. Iedereen kon mijn verleden kennen en dat maakte mij soms schuw. Het geeft een gek gevoel als je merkt dat mensen op straat of in een winkel je doordringend opnemen en je herkennen. Op dat moment besefte ik dat ze van alles over me kunnen weten. Dat blijft een vreemd en ongemakkelijk idee. *Verborgen tralies* scoorde goed op de Nederlandse markt. Recensies en berichten in nagenoeg alle kranten en in vrouwenbladen als *Marie Claire*, *Opzij* en *Cosmopolitan* gaven de titel bekendheid. De rechten van het boek werden zelfs aan buitenlandse uitgeverijen verkocht en zo had ik een half jaar later een Spaanse, Duitse en Zweedse uitgave in handen. Kindermishandeling, problemen rondom cultuurverschillen en vechten voor visa waren internationaal ook actueel. Doordat de boekenweek in 2001 *Land van herkomst. Leven tussen twee culturen* als thema had, kregen *Verborgen tralies* en ik een half jaar na de verschijning weer de nodige aandacht. Nog steeds was ik verrast door uitnodigingen die betrekking hadden op mij als auteur. Het feit dat ik naar het Boekenbal mocht, was geweldig. Ook het signeren deed en doe ik graag. Veel mensen die aan je tafel komen, kennen het boek al. Ze willen hun eigen exemplaar laten signeren of ze kopen er een voor een ander. Het contact met die lezers is voor mij en voor hen van groot belang. Doordat zij weten wat ik heb meegemaakt, durven zij hun eigen verhaal te vertellen. Ik ben niet de enige die veel ellende heeft meegemaakt. Integendeel. Dit soort wantoestanden komt veel te vaak voor. Dat blijkt uit de mondelinge en schriftelijke reacties die ik op *Verborgen tralies* heb ontvangen. Woorden van lezers hebben mij ervan doordrongen dat ik moet doorvechten. Vechten voor gerechtigheid. Vechten voor begrip. Behalve van lezers ontving ik ook brieven van mensen die in mijn verleden een belangrijke rol hadden gespeeld. Onder andere van rechercheur Den Boer. Hij wilde met mij praten en verklaren waarom hij indertijd zo weinig had kunnen doen. Ik wilde hem dolgraag ontmoeten. 'Dit is mooi,' zei ik tegen Gilmer. 'Het is goed dat het boek dit teweegbrengt. Behalve dat ik meneer Den Boer graag wil ontmoeten, ben ik nieuwsgierig naar zijn herinneringen. Ik hoop dat hij nog veel weet.' In het najaar van 2000 ben ik naar hem toe gegaan. Hij voelde duidelijk behoefte mij een en ander uit te leggen. Het werd een emotioneel gesprek. Eigenlijk zijn die rechercheur en ik vreemden voor elkaar, maar we voelden allebei de verbondenheid. 'De zaak van jou en je zusjes, Hameeda, heeft me nooit losgelaten,' zei hij. 'Ik heb de situatie bij jou thuis geen moment vertrouwd, maar ik kon zo weinig doen.' Ik merkte dat de inmiddels gepensioneerde rechercheur duidelijk ontroerd was. Nog steeds voelde hij zich machteloos. Hij gaf me de indruk dat hij zelf vond dat hij tekort was geschoten. Den Boer toonde zijn emoties en dat raakte me. Hij was zo sympathiek en nog steeds begaan met het lot van mij, Ayesha en Zahida. 'Hameeda, het is ongelooflijk dat je hier zit en bent zoals je bent na al die ellende. Kan ik alsnog iets voor je doen…' Ik vroeg hem of hij zijn herinneringen aan die tijd op papier wilde zetten, en dat heeft hij gedaan. Naar aanleiding van het boek ontving ik ook een verklaring van de maatschappelijk werkster met wie ik tijdens het verblijf in de kindertehuizen te maken had. Ook Maurice, de broer van Annie, de ex-schoonzus van mijn stiefmoeder, heeft een verklaring opgesteld. Die verklaringen zouden me goed van pas komen in de rechtszaak tegen mijn vader en stiefmoeder, maar daar zat helaas geen enkele vordering in.

Sommige interviews had ik al voordat *Verborgen tralies* in de winkel lag, maar de meeste activiteiten vonden erna plaats. Voor mij was de boekpresentatie op 6 oktober 2000 van groot belang. Die bewuste vrijdag kroop ik 's ochtends tegen Gilmer aan en ik fluisterde: 'Ik ben zo bang. Morgen ligt het boek in de winkel en kan iedereen te weten komen wie en wat ik werkelijk ben.' 'Dat wilde je toch,' antwoordde Gilmer rustig. 'Ja, maar stel dat ouders van klasgenoten van Rachel en Melanie *Verborgen tralies* lezen... Dan weten ze opeens van alles over mij, dat ik een vreemd verleden heb. Misschien kijken ze mij en de meisjes niet meer aan omdat ik in kindertehuizen heb gewoond. Ik ben bang.' Gilmer liet me praten. Hij kende mijn angsten en onzekerheid en wist dat er nog veel meer in mijn hoofd omging. Wat als het allemaal voor niks zou zijn? Wat als het onthullen van mijn verleden tot niets zou leiden... Kon ik het aan dat iedereen alles van mij zou weten? Ik verlangde zo naar mijn moeder, haar steun en onvoorwaardelijke liefde en vond het verschrikkelijk dat amma, Yasmin en Ali Nawaz niet op de presentatie aanwezig konden zijn. Gilmer wist ook dat ik bang was voor mijn vader. Vanaf 7 oktober kon iedereen, dus ook hij, mijn boek lezen.

6 oktober werd een heftige dag. Ik had een klein groepje dierbaren uitgenodigd. Uiteraard Gilmer, de kinderen, mijn zussen en een aantal vriendinnen. Mijn zussen lieten het afweten. Zij konden de publieke confrontatie met hun verleden, ook al was dat uitsluitend in mijn naam opgetekend, niet aan. Op een gegeven moment vroeg mijn vriendin Lucy het woord. Lucy kent mij vanaf mijn zeventiende, vanaf het moment dat ik met Gilmer omga. Ik keek verbaasd en zei: 'Lucy, wat ga je doen...' 'Ja, Hameeda, je schrikt, maar ik ga over en tegen jou praten.' Het werd stil in de zaal. Lucy keek mij aan en zei: 'Hameeda, vandaag is je boek uitgekomen. Jouw geschiedenis. Een verhaal over de barsten in je leven. De scherven zijn bij elkaar geraapt. Ik zie jouw verleden nu als een mooie, warm bruine, gebarsten kruik. Je hebt je moeder, broer en zus teruggevonden.'

Ik knikte instemmend en glimlachte toen ze over de jaren sprak dat we buren waren. Hoe zij aan het geklik van mijn hakken op de trap hoorde in wat voor bui ik was als ik naar mijn werk ging en wanneer ik weer thuiskwam.

'Ik kende jou, Hameeda, als een pittige, mooie, jonge meid die goed wist wat ze wilde. Je had een vlotte babbel. Het heeft me altijd verbaasd dat je je zaakjes op zo'n jonge leeftijd zo goed kon regelen. Later zou ik erachter komen dat dit een overlevingsmechanisme is geweest. Een mechanisme om niet meer gekwetst te worden. Een mechanisme om vernederingen te voorkomen. Achteraf begreep ik pas dat jouw gedrag een hunkering naar een emotionele band met anderen was. Je wilde mensen vertrouwen, maar durfde dat niet. De balans tussen geven en nemen sloeg vaak door naar geven en anderen maakten daar gemakkelijk misbruik van.'

Ik zoog Lucy's woorden op. Ik was ontroerd door wat ze vertelde, maar haar speech stemde me ook melancholiek.

'Ik herinner me het moment dat je te horen kreeg dat je zus je moeder had gevonden. Je leefde op! Vanaf dat moment stopte je al je energie in het regelen van een weerzien. Wij, die onze ouders gewoon om ons heen hebben en het gemis van een vader en moeder niet kennen, kunnen ons nauwelijks voorstellen wat die hereniging voor jullie betekende. Het was ontroerend om jullie als gezin bij elkaar te zien.'

Zichtbaar geëmotioneerd stopte ze even met praten. Lucy liet haar ogen langs mij, Gilmer en de kinderen gaan. Daarna richtte ze haar blik weer op het papier dat ze in haar handen hield.

'Hameeda, dit boek heb je aan je moeder opgedragen. Jij

die je moeder moest missen bij de geboorte van je dochters en bij andere belangrijke momenten in je leven. Jij hebt je moeder gevonden. Ik heb de koestering, bewondering en warmte tussen jullie gezien. Zonder woorden, zo dierbaar, zo kwetsbaar en zo gemeend. Ik gun je je allerliefste moeder, je broer en je zus zodat je leven eindelijk compleet kan worden.'

Terwijl Lucy sprak was het doodstil in het mooie pand aan de Herengracht. Langzaam ebde haar stem weg. Ik wilde zoveel zeggen om haar, Gilmer en iedereen te bedanken maar ik was volkomen geblokkeerd. Door Lucy's speech was de luchtige sfeer veranderd en alle genodigden leken zich ineens bewust van waar het boek om draaide. Ik omhelsde Lucy en zei: 'Dank je. Ik kan niets zeggen nu.' Iemand van Arena redde mij, nam het woord over en maande de gasten om toch vooral te genieten van alles wat er aan lekkers werd binnengebracht. En daar, die middag, signeerde ik de eerste exemplaren van mijn boek. Het was geweldig.

Na de receptie namen Lucy en haar gezin Rachel en Melanie alvast mee naar huis. Gilmer bleef bij mij. 's Avonds zou er nog een feestelijk etentje in besloten gezelschap zijn. Zo lief bedoeld, maar ik was op. De uitgeverij had mij en tekstschrijfster Magda die middag in het zonnetje gezet en ons bedolven onder de complimenten voor mijn openhartigheid, vasthoudendheid, onze ijver en inzet. Ik was er zo blij mee, maar voelde me nu intens moe, leeg en op een vreemde manier melancholiek. Natuurlijk voelde ik een diep verdriet dat mijn zusjes er niet waren geweest. Ik kende hun strijd en hun problemen om met ons gedeelde verleden om te gaan, maar ik hoopte zo dat het boek ons dichter bij elkaar zou brengen en aanleiding zou zijn om ook met elkaar dat verleden te verwerken en af te sluiten. Zij waren nog niet zover. Ik zat in het midden van de tafel en hoorde de mensen rondom mij vrolijk over van alles en nog wat kletsen. Er werd gelachen, geproost en ik wilde maar één ding: naar huis. Ik had behoefte om alleen te zijn.

Zaterdagochtend 7 oktober stond ik met een eenzaam gevoel op. Ik voelde me leger dan ooit en wilde hard huilen. Die tranen lieten niet lang op zich wachten. Bij de post zat een brief van de Visadienst: 'Hierbij zend ik u mijn beschikkingen van heden, waarbij het namens bovengenoemde vreemdelingen ingediende bezwaarschrift ongegrond wordt verklaard.'

Met 'vreemdelingen' werden mijn moeder, broer, zus en zwager bedoeld. Het besluit van de Visadienst stond vast: er zouden geen visa worden afgegeven.

'Wat een timing!' Ik schreeuwde het uit. 'Hoe halen ze het in hun hoofd. Een botte afwijzing. Zijn ze gek geworden. Iedereen met wie ik spreek, die mijn verhaal kent, vindt het onbegrijpelijk dat wij geen recht hebben op hereniging. Hoe kan dit nou? Wat een anticlimax. Wat heb ik misdaan? Waarom? Hoe kan dit...' Ik liet me langzaam op de bank zakken. Met lange halen huilde ik deze domper en alle emoties van de afgelopen dagen een beetje van me af. Toen ik enigszins tot rust was gekomen, zei ik: 'Ze geloven toch niet dat ik dit accepteer. Ik stuur iedereen die hier misschien iets aan kan veranderen een boek én een brief. Te beginnen met koningin Beatrix... Het zal me lukken mijn moeder hierheen te krijgen.'

Opnieuw die visa

De spanning rond de boekpresentatie, de hoop dat er nu schot in de visazaak zou kunnen komen en de afwijzing die uitgerekend op *the morning after* in de bus viel maakten dat ik me volledig uitgeput en leeg voelde. Ik was van plan keihard terug te slaan, te vechten, maar ik had geen idee waar ik nieuwe energie moest vinden. Het meeste zag ik op tegen het telefoontje naar Pakistan. Hoe moest ik mijn lieve familie vertellen dat ons verzoek voor hereniging weer was afgewezen. Die zaterdag wilde en kon ik niet bellen…

Het duurde een paar weken voordat ik het nare bericht zou doorgeven. Ik was uitgeblust en gedeprimeerd. De reacties van mijn directe omgeving op het boek waren vaak heel spontaan en hartverwarmend, maar soms ook niet. Zahida en Ayesha hadden *Verborgen tralies* voor verschijning mogen lezen. Zij waren akkoord gegaan met de publicatie maar nu het boek eenmaal in de winkel lag, had Ayesha er toch moeite mee. 'Je hebt onze familienaam door het slijk gehaald. Niet alleen jij heet Lakho, maar Zahida en ik ook. Ik word voortdurend aangesproken op mijn werk.' Ayesha's stem klonk schel en fel en haar woorden raakten me diep. Ook anderen weten soms niet hoe ze met mij en mijn boek moeten omgaan. Vooral de stilzwijgende blikken op het schoolplein, op straat en in de supermarkt maakten me onzeker. Ik weet dat dergelijk gedrag meestal voortkomt uit hun onzekerheid of misschien zelfs hun angst om mij te kwetsen, maar het lijkt alsof je buitengesloten wordt. Ik voelde me eenzaam en alleen. Het lege gevoel kon ik met niemand delen. De leraren van Rachel en Melanie had ik ingelicht over mijn boek en ook over het feit dat ik tegenover mijn dochters heel zorgvuldig met de inhoud omging. Op een dag vertelde Rachel dat iemand op school haar van alles over mij had gevraagd. 'Mam, maar hoezo werd jij dan geslagen? Een moeder zei dat jij soms bont en blauw was. Wat betekent dat precies?' Ik was zo blij dat mijn dochters thuis alles eruit gooiden wat hen bezighield. Meteen heb ik de betreffende vrouw aangesproken en een gesprek aangevraagd met de schoolleiding om uit te leggen dat alleen ik met de meisjes over mijn verleden sprak. 'Ik wil alle vragen beantwoorden, maar stel ze liever niet aan mijn dochters. Zij kennen mijn geschiedenis in grote lijnen, maar nog niet tot in detail. Dat zullen ze later te weten komen en dat wil ik hun zelf vertellen.' Het team van de school begreep het. Tijdens dat gesprek heb ik hun op het hart gedrukt dat Rachel en Melanie alleen door mij of Gilmer zouden worden opgehaald. 'U mag ze nooit met iemand anders mee naar huis laten gaan.' Ik was bang dat mijn vader wraak zou nemen en dat hen iets zou overkomen. De eerste maanden na het verschijnen van het boek hebben Gilmer en ik onze dochters nauwlettend in de gaten gehouden. Buiten spelen was oké, maar dan wel samen en in de buurt. Gelukkig konden we er goed met hen over praten.

De blijdschap over de verschijning van het boek werd overschaduwd door alle tegenslagen. Zo'n twee à drie weken na ontvangst van de visa-afwijzing belde ik naar Pakistan. Toen ik de vriendelijke stem van Ali Nawaz hoorde, had ik de neiging meteen op te hangen. Ik wilde niet meer de boodschapper van nare berichten zijn, maar moest dit toch melden. 'We hebben weer een afwijzing, Ali,' zei ik met dichtgeknepen keel. 'Niets lijkt te helpen. Ik wil verder vechten voor visa, maar ik ben het vertrouwen dat het ooit lukt kwijt.' Ali Nawaz reageerde flink, maar ik hoorde zijn teleurstelling. Ik besefte dat hij het slechte bericht aan amma en Yasmin zou moeten doorgeven. 'Het lijkt erop dat ik hier niets voor jullie kan doen. Als jullie in Pakistan moeten blijven, zal ik er wel voor zorgen dat jullie leven daar aangenamer wordt.' Met Gilmer had ik afgesproken dat we met een deel van de opbrengst van *Verborgen tralies* een appartement in een betere buurt van Karachi zouden kopen. Maar die plannen hield ik nog even voor me. Zij moesten eerst deze klap verwerken.

Langzaam maar zeker raakte ik uit mijn dip. Dat mijn energie en vechtlust terugkwamen, had vooral te maken met het succes van *Verborgen tralies* en de positieve reacties die ik van lezers kreeg. 'Ik heb dat boek niet voor niets geschreven,' hoorde ik mezelf op een dag weer hardop zeggen. 'Ook al lijkt de afwijzing definitief, ik neem er geen genoegen mee.'

De Telegraaf had op 28 september een voorpublicatie van het boek opgenomen en er nadrukkelijk bij vermeld dat het onbegrijpelijk en onmenselijk zou zijn als de hereniging van mijn familie onmogelijk werd gemaakt. Twee weken later ontving ik dus die definitieve afwijzing. Eind oktober liet ik dat Van der Meyden weten. Per ommegaande kwam er een e-mail terug. 'Hameeda, laat het er niet bij zitten. Vecht door. Stuur je boek, met een begeleidende brief en krantenartikelen naar de minister en staatssecretaris van Justitie.' Zijn reactie luchtte op. Meer mensen vonden de afwijzing idioot. Zelf had ik bedacht een exemplaar bij de koningin te laten bezorgen. Ik ging weer aan de slag. 'Ik kan weer iets doen,' zei ik 's avonds tegen Gilmer. 'Door de boeken te versturen ontstaat er weer een beetje hoop dat het ooit goed komt.'

Op 3 november kwam er een brief van het kabinet van de koningin. Op het briefpapier prijkte het blauwe wapen met de gouden leeuw. Als de zaak minder gewichtig was, zou ik er giechelig van zijn geworden. Nu trilden mijn vingers van de zenuwen bij het openen van de envelop.

> *Op verzoek van Hare Majesteit de Koningin bevestig ik U de ontvangst van Uw brief van 23 oktober jl.*
> *In verband met de in het Nederlands staatsrecht vastgelegde verantwoordelijkheid is Uw brief ter behandeling in handen gesteld van de staatssecretaris van Justitie.*
> *De koningin heeft mij verzocht U te danken voor het toezenden van Uw boek 'Verborgen tralies'.*

Tegelijkertijd met het versturen van de boeken nam ik contact op met mijn advocaat. 'Wat kunnen we nu nog doen?'

vroeg ik hem. Hij stelde voor weer een bezwaarschrift in te dienen bij de Immigratie- en Naturalisatiedienst, de IND. 'Dan doe ik bij het bezwaarschrift een boek en de krantenartikelen. Bovendien laat ik hun weten dat we ook het ministerie van Justitie en de koningin op de hoogte hebben gebracht.' Mijn advocaat vond dat een goed plan.

Al mijn inspanningen leken tot niets te leiden. Er kwam geen reactie. Het werd november, december, het werd kerst en nieuwjaar. De aanvraag voor vakantievisa om gezamenlijk de feestdagen door te brengen was afgewezen. Ik rekende nergens meer op en besprak regelmatig met Ali Nawaz op welke manier hun situatie in Pakistan zou kunnen veranderen. Samen met amma was hij op zoek gegaan naar een ander huis. Ze hadden interesse in een appartement dat nog gebouwd moest worden. Het project lag wat meer naar de kust in een betere wijk van Karachi. Er moest een aanbetaling worden gedaan en die wilde ik op me nemen. Ali Nawaz stuurde documentatie over het project en plattegronden van het appartement. Tussen de papieren zat ook een foto van mijn broer en amma. Ze zagen er tevreden uit. Ze wilden graag verhuizen. Aan de ene kant was ik opgelucht om hun blije gezichten te zien, maar aan de andere kant bleef het pijn doen hen niet hier te kunnen verwelkomen. 'Ben je verdrietig, mam?' vroeg Rachel terwijl ik de spullen weer in de envelop schoof en de foto naast me neerlegde. 'Verdrietig?' vroeg ik zo opgewekt mogelijk. En toen pas voelde ik dat er een traan over mijn wang rolde. 'Ik zou het zo fijn vinden als jij en Melanie een oma hadden en ik wil zelf zo graag bij mijn moeder in de buurt zijn.' Het was prettig om toch iets voor amma te kunnen betekenen, maar het feit dat wij elkaar niet in alle vrijheid zouden kunnen ontmoeten, knaagde aan me. Het leek allemaal zo onrechtvaardig. Omdat we al zo lang zonder elkaar leefden vond de Visadienst dat er geen sprake meer was van een gezinssituatie. Er werd volledig voorbijgegaan aan het feit dat wij gedwongen zonder moeder waren opgegroeid. Wanneer zou de IND dat nu eens inzien?

Het voorjaar van 2001 was een drukke tijd. Ik gaf wekelijks een aantal lezingen en holde van hot naar her. Uiteraard vroeg iedereen naar de afloop van de rechtszaak en het verloop van de visa-aanvraag. Over beide had ik weinig te melden. Ik hoorde niets. Hoe, waarom en wanneer de Visadienst tot inzicht is gekomen, weet ik niet. Maar op 8 maart ontving ik de volgende brief:

Geachte mevrouw Lakho,

Op respectievelijk 18 oktober 2000 en 23 oktober 2000 heeft u brieven geschreven aan mij en aan Hare Majesteit de Koningin. De koningin heeft uw aan haar gerichte brief voor verdere behandeling aan mij overgedragen.

Ik heb uw brieven met belangstelling gelezen. Voorts heb ik naar aanleiding van uw brieven het departementale dossier bestudeerd en ik heb besloten van mijn discretionaire bevoegdheid gebruik te maken en uw moeder, broer, zusje en zwager in Nederland toe te laten.

Hoogachtend,
De staatssecretaris van Justitie

Misschien heb ik de brief wel honderd keer gelezen voordat ik geloofde wat er stond: we kregen visa. Mijn familie mocht naar Nederland komen. Voor de afwikkeling van de Machtiging tot Voorlopig Verblijf (MVV) kon ik met iemand van de IND contact opnemen. Ik belde de IND en dat telefoontje bezorgde mij de nodige hartkloppingen. De IND begreep namelijk niet dat ik rechtstreeks van de staatssecretaris een toewijzing had ontvangen. 'Zo gaat dat nooit, mevrouw Lakho. Hier moet iets mis zijn. Een toewijzing wordt altijd via onze afdeling verwerkt. Met het document dat u nu ontvangen hebt, kunnen wij niets doen. Dit is niet zoals het hoort.' Mijn advocaat stelde me gerust. 'Hameeda, je hebt wel degelijk een toewijzing. Dit komt in orde.' Ik was opgelucht, maar sprong nog geen gat in de lucht. Te vroeg juichen had ik afgeleerd. Ik besloot het bericht voor me te houden totdat alles bij iedereen op alle afdelingen en voor elke medewerker helemaal definitief was. Pas dan zou ik naar Karachi en naar mijn zussen in Nederland bellen. Maar niet praten was moeilijk. Ik wilde het goede nieuws maar wat graag vertellen. Een kleine twee weken later was de toewijzing bij alle partijen bekend. Ik kreeg een verzoek van de IND om de adressen van mijn familie in Pakistan door te geven, zodat de IND met het Pakistaanse consulaat de zaken kon afhandelen. 'Merkwaardig,' zei ik tegen Gilmer, 'jarenlang gebeurt er niets en nu ineens is alles zo geregeld. Ik kan het nog bijna niet geloven dat amma en de anderen straks hier bij ons op de bank zitten.'

Terwijl ik dat zei, dwaalden mijn gedachten af naar hun huidige leven in Pakistan. Hoe anders het daar was. Tijdens mijn bezoek aan Pakistan had ik voor het eerst in mijn leven ervaren wat een cultuurshock inhield. Nooit zou ik de rit van het vliegveld naar het platteland vergeten. De volgestouwde bussen en wapperende *shalwar-kamis* van de mannen die aan de buitenkant hingen. Ook de onverharde, stoffige wegen waarlangs van top tot teen gesluierde vrouwen liepen. Ik schoot weer in de lach bij de herinnering aan mijn aankomst in het dorp. De familie, de buren, eigenlijk iedereen wilde me zien en aanraken. Hoewel ik erover had gelezen, verbaasde het me toch dat de mannen alle beslissingen namen. De vrouwen leefden binnenshuis. Ik had er moeite mee gehad Pakistaanse kleding in plaats van westerse kleren te dragen. Zouden amma en Yasmin aan de westerse gewoonten kunnen wennen? In Nederland had je supermarkten, geen bazaars. Bij ons leefde je met een paar mensen in een huis. Natuurlijk zouden we als familie vaak bij elkaar komen en elkaar verwennen, net zoals ik in Pakistan met aandacht was overladen. Ik werd er op handen gedragen. De mensen keken tegen mij op en ik voelde me daar enerzijds ongemakkelijk en eenzaam onder. Aan de andere kant gaf het me ook een rijk gevoel om familie te hebben en zo openlijk bewonderd te worden. Later begreep ik pas dat die bewondering niet alleen om mij als persoon ging. Ik was het levende bewijs dat amma's kinderen het hadden gemaakt in het Westen. Wij, mijn zussen en ik, gaven haar aanzien en status. Familie in het rijke Westen betekent voor Pakistani de mogelijkheid de armoede en ellende te doorbreken en het biedt de kans op een nieuwe toekomst bij die rijke familie in het Westen. Ik kon mijn familie uit de armoede halen... En dat wilde ik ook, maar naast de armoede zag ik ook de vrolijke beelden van de drukke gezinnen in de piepkleine huisjes. Ik hoorde hun gelach en gerommel in de keuken en op de binnenplaats. Zouden ze die saamhorigheid, de rituelen en tradities kunnen missen? In Nederland was alles zo totaal anders. Ik schudde de aarzelingen en zorgelijke gedachten van me af. Natuurlijk zou dat lukken. En als amma het moeilijk had of heimwee kreeg, waren al haar kinderen in de buurt om haar door die perioden heen te helpen. De liefde voor elkaar en de onverbrekelijke bloedband zouden de cultuurverschillen vast overwinnen.

'We moeten een huis huren en spullen voor hen kopen. Ik zal uitzoeken waar en wanneer er een cursus Nederlands begint. Ali Nawaz en Yasmin zullen met hun opleidingen hier toch wel snel aan het werk kunnen...' Ik ratelde aan één stuk door. Gilmer nam me in zijn armen en zei: 'Rustig nou eens even. Laten we niets overhaast doen. De visa zijn toegewezen en nu kunnen wij alle maatregelen gaan treffen om hen zo te ontvangen dat ze zich helemaal thuis gaan voelen. Vergis je niet, zij verhuizen van de ene cultuur naar een totaal andere. Dat gaat sowieso problemen geven. Hoe meer wij van tevoren hebben geregeld, hoe groter de kans op succes is.' Ik keek Gilmer verbaasd aan. 'Wat doe je serieus. Als amma eenmaal hier is, wordt alles vanzelf beter.' Maar ik moest hem wel gelijk geven. Het zou onzin zijn om ze nu na al die jaren halsoverkop naar Nederland te halen. We zouden een gedegen plan maken, samen met Ali Nawaz. En met Ayesha en Zahida natuurlijk. Hoewel, zo natuurlijk was dat niet want we hadden elkaar al jaren niet gezien. De familiehereniging in 1997 had tussen Ayesha, Zahida en mij voor veel wrijving gezorgd. We hadden sowieso al moeite met elkaar om te gaan en eerlijk tegen elkaar te zijn. Zahida leidde haar eigen leven. Ayesha beloofde van alles, maar deed in mijn ogen te weinig of in elk geval nooit de dingen die moesten gebeuren. Ook als het om principiële zaken ging en dan had je aan mij een felle. Misschien reageerde ik soms te heftig en moest ik proberen meer geduld en begrip op te brengen. Het stak me dat alleen ik al mijn energie in de rechtszaak stopte en bijna dagelijks met de IND aan de telefoon zat. Ik wilde die dingen graag doen en zou zeker doorzetten, maar ik zou zo blij zijn met hun hulp of belangstelling. Jammer genoeg bleven die uit en nu moest ik hun wel vertellen dat de visa waren toegekend. Misschien kon ik dat anders oplossen.

Eerst ging ik genieten. Ik had me helemaal geïnstalleerd om Ali Nawaz te bellen en hem het geweldige nieuws te vertellen. Eindelijk was ik de boodschapper van een goed bericht. Ik pakte de telefoon en probeerde mijn stem zo rustig mogelijk te laten klinken toen ik Ali Nawaz hoorde. Lang kon ik het nieuws niet meer voor me houden: lachend en met uithalen hoorde ik mezelf telkens weer herhalen dat het echt, echt, echt waar was: de visa waren toegekend. Ze mochten met zijn vieren afreizen en naar Nederland komen. Nog nooit had ik Ali Nawaz zo enthousiast meegemaakt. Hij klonk door het dolle heen. Hij juichte, riep amma, zond kussen door de telefoon naar mij, naar de Visadienst. We hebben ontzettend gelachen. Ik straalde van geluk. Wat is er fijner dan iemand blij te kunnen maken? We hebben lang met elkaar gesproken. Ook heb ik Ali Nawaz toen uitgelegd dat er weinig contact tussen Ayesha, Zahida en mij was. Ik vroeg hem of hij het goede nieuws zelf aan zijn zussen zou willen vertellen. Eerlijk gezegd was ik bang voor de koude douche die me te wachten stond als ik het hun zou mededelen.

Hoewel het komende en onvermijdelijke contact met mijn zussen mij zorgen baarde, genoot ik toch vooral van het visa-succes. Ik gloeide van trots dat het gelukt was die documenten te bemachtigen. Mijn hart vulde zich met een groots, diep en warm gevoel. Het was geweldig om tijdens de lezingen die volgden te vertellen dat alle inspanningen resultaat hadden gehad. De eerste keer dat ik 'het' kon zeggen was tijdens de boekenweek. Op 21 maart was ik te gast bij een literair café in Nijkerk. Er was gekozen voor een samenwerking met Amnesty International. 'Reken maar op een volle zaal, Hameeda,' voorspelde Arena. 'Je komst heeft in de regionale kranten gestaan. Heel veel mensen zijn geïnteresseerd. De zaal is uitverkocht.' Het werd een geweldige avond. Mensen toonden zich oprecht blij voor mij en mijn familie dat de visa waren toegewezen. Het nieuws verspreidde zich als een lopend vuurtje. Opnieuw kwamen er aanvragen voor televisie-interviews. De overwinning, want zo voelde het echt, leverde me bergen energie.

Die dagen had ik herhaaldelijk contact met Ali Nawaz. 'We komen zo snel mogelijk, Hameeda. Over een paar weken zijn we bij jullie.' 'Wacht nu even,' temperde ik zijn enthousiasme. 'Laten we nu geen overhaaste dingen doen. Jullie komen, dat staat vast, maar er is nog veel te regelen. Wij gaan hier woonruimte zoeken en uitzoeken wat jullie bij een immigratie te wachten staat. Jij en Yasmin zullen in Pakistan alles moeten regelen. Het appartement waarvoor we een aanbetaling hebben gedaan moet weer verkocht worden, wat nemen jullie mee en wat laten jullie achter, je hebt een container nodig om de inboedel naar Nederland te verschepen...' Ik had inmiddels een waslijst van dingen die moesten gebeuren. Met Gilmer had ik een globaal plan gemaakt en uitgerekend dat we de zomer zeker nodig zouden hebben om hun verblijf voor te bereiden. 'Weet je, Ali,' zei ik tegen mijn broer, 'de zomervakantie staat voor de deur. Dat gaat vertraging opleveren bij het regelen van een huurwoning en verzekeringen. Ik stel voor dat we er met zijn allen naartoe werken om in het najaar klaar te zijn. Jullie hebben dan de tijd om alles in Karachi af te handelen en om afscheid te nemen. Het is heel wat, zeker voor amma, om te emigreren. Beseft ze dat wel?' Ali Nawaz garandeerde mij dat amma niets liever wilde dan bij haar kinderen wonen. Dat bericht maakte mij meer dan gelukkig.

En inderdaad hadden we die maanden hard nodig. Allereerst moesten Ayesha, Zahida en ik met elkaar in gesprek komen. Ik had gehoopt dat we bij elkaar zouden kunnen komen om allerlei dingen te bespreken, maar het bleef bij telefonisch contact. Het viel ons zwaar om normaal met elkaar om te gaan. Ik had het fijn gevonden als een en ander uitgesproken was voordat amma in ons midden zou zijn. Ik wist zeker dat mijn moeder de spanning tussen ons zou aanvoelen en er verdriet over zou hebben. Maar een gezellig zussenavondje zat er nu eenmaal niet in. Omdat Zahida aan de andere kant van het land woont, zouden Ayesha en ik samen de voorbereidingen treffen. 'Ik zal een woning zoeken,' beloofde Ayesha. 'Ik schrijf ze meteen in.' Ik zou een deel van de opbrengst van *Verborgen tralies* gebruiken voor de inrichting van een huis en gaf aan dat ik dit geld voor de familie had gespaard. 'Als ze eenmaal gewend zijn, kunnen ze voor zichzelf zorgen. Dat zal wel moeten, dat weet Ali Nawaz, wij kunnen geen van allen vier volwassenen financieel onderhouden. Maar ze hebben nu alvast een startkapitaal.' Ayesha stapte naar de sociaal raadsman om naar de rechten en mogelijkheden van onze familie te vragen. 'Wat voor type visum is er toegewezen?' was de eerste vraag die haar werd gesteld. 'Type visum?' zei ik verbaasd toen Ayesha mij daarover opbelde. 'Hoezo type visum? Een Machtiging voor Voorlopig Verblijf (MVV) die na vijf jaar overgaat in een permanente verblijfsvergunning,' antwoordde ik. Waar gaat dit nu weer over? dacht ik. 'Volgens die man zijn er verschillende typen MVV en je rechten hangen af van het type,' legde Ayesha uit. 'Wedden dat er weer een addertje onder het gras zit,' sprak ik somber toen Gilmer thuiskwam. Ik kreeg gelijk. Mijn familie was een visum met beperkingen toegewezen. De beperkingen hielden in dat ze niet zelfstandig mochten wonen, dat ze drie jaar lang moesten inwonen voordat ze in aanmerking zouden komen voor een eigen huurhuis en dat ze geen recht hadden op sociale verzekeringen. Ik kon wel door de grond zakken. Bovendien moest er iemand financieel garant staan en Zahida en Ayesha waren van mening dat ik daarvoor de aangewezen persoon was, omdat ik al had aangegeven dat ik geld opzij had gelegd. 'Jij hebt ze tenslotte naar Nederland gehaald...' Hoewel ik die reactie al verwachtte, wilde ik best de garantsteller voor mijn familie zijn, maar hoe kon ik het risico lopen ook voor hun ziektekosten op te draaien? Mijn moeder was oud en hartpatiënt. Ik werd bang. 'Straks moeten wij ons huis verkopen om de doktersrekeningen te kunnen betalen,' zei ik tegen Gilmer. 'Dit kan toch niet.' Voor de zoveelste keer belde ik met de IND. Ik kon bezwaar aantekenen met als mogelijk gevolg dat de net afgegeven visa zouden worden ingetrokken en de procedure opnieuw moest worden gestart. Nee dus.

Aan Ali Nawaz legde ik alles uit en vertelde dat er nog veel moest worden opgelost voordat zij zouden kunnen afreizen. 'Maak je niet te veel zorgen. Wij komen gewoon en dan zien we wel verder,' zei mijn broer optimistisch. 'Lukt het je om de spullen op transport te zetten?' vroeg ik. 'Veel zullen we niet meebrengen, Hameeda, amma is druk bezig alles aan de familie te geven... Maak je geen zorgen.'

Die laatste opmerking baarde me wel degelijk zorgen. 'Zou ze nu echt alles weggeven?' vroeg ik Ayesha. 'Ik hoop het niet,' antwoordde mijn zus. 'Ze hebben gloednieuwe spullen. Als we alles hier opnieuw moeten aanschaffen...' Ik moest daar ook niet aan denken. De afgelopen jaren waren Zahida, Ayesha en ik regelmatig in Karachi geweest. Yasmin woonde, zoals gebruikelijk in Pakistan, bij de familie van haar man. Ali Nawaz woonde bij amma. Wij hadden hun appartement ingericht. Ayesha had tijdens haar bezoeken een televisie, stereo en videorecorder gekocht. Zahida liet amma glaswerk en bestek uitzoeken en ik had voor de koelkast, wasmachine en het servies gezorgd. Het waren grote aankopen geweest die wij wel konden betalen maar waarvoor Ali Nawaz jaren zou moeten werken. Ik hoopte dat Ali Nawaz begreep dat dergelijke apparaten in Nederland veel duurder zijn dan in Pakistan en dat we niet weer zulke uitgaven konden doen. Ik polste Yasmin. 'Ali Nawaz regelt alles, Hameeda. Het is niet gebruikelijk dat ik me met zijn zaken bemoei. Dat willen de mannen hier niet,' zei mijn zusje op haar bescheiden manier. 'Yasmin, je komt nu naar het Westen. Hier moet je als vrouw voor jezelf opkomen.' Yasmin lachte een beetje en zei dat ze me wel begreep. Haar reactie stelde mij geenszins gerust. 'Als Ali geen container heeft gehuurd voor het verschepen van jullie huisraad, bel jij dan, of laat je man bellen.' Ik gaf haar het telefoonnummer van een internationale verschepingsmaatschappij. 'Yes, yes, I see,' hoorde ik, maar ik vroeg me af of ze het nummer wel noteerde. Ook in mijn brieven hamerde ik erop dat ze voor een ingrijpende verandering stonden. Soms proefde ik hun angst en onzekerheid. Ik heb vaak gezegd dat ze alleen naar Nederland moesten komen als ze dat zelf wilden, en keer op keer haastte Ali Nawaz zich om me te verzekeren dat het hun wens was om in Nederland te wonen. 'Vergeet je niet het appartement te verkopen, Ali?' vroeg ik van tijd tot tijd. 'Die 30 000 gulden hebben jullie hier hard nodig.' Ja, ja, hij zou alles regelen. Misschien had ik toen al moeten aanvoelen dat een Pakistani zich niet door een vrouw laat leiden, maar ik handelde als westerse vrouw en besefte niet dat dergelijk gedrag mijn broer volkomen vreemd was. Bovendien overheerste het blije, gelukkige gevoel dat we binnenkort samen zouden zijn.

Naast de voorbereidingen voor de verhuizing was ik ook nog steeds bezig met de rechtszaak tegen mijn vader. In het najaar van 2000 had mr Nolet in samenwerking met een landsadvocaat een onderzoek laten doen naar cassatiemogelijkheden bij de Hoge Raad. Volgens de landsadvocaat was er sprake van verborgen schade en dat feit zou de rechter in zijn uitspraak moeten meenemen. Inmiddels nam het aantal bewijsstukken van de gepleegde mishandelingen toe. Rechercheur Den Boer en de maatschappelijk werkster hadden schriftelijke verklaringen afgelegd. In april ontvingen we een zogenaamde antwoordconclusie van Moszkowicz, de advocaat van mijn vader. In dat betoog werden de mishandelingen wederom ontkend en gebagatelliseerd. Weer werden wij afgeschilderd als onhandelbare pubers met een te levendige fantasie. We waren verbijsterd over zoveel leugens. Ayesha en ik schreven afzonderlijk een reactie. 'Ik word hier moedeloos van,' zei ik tegen Gilmer. 'Waarom blijven we hier eigenlijk mee bezig?' Het antwoord kende ik natuurlijk zelf. Kindermishandeling moet worden bestraft en bovendien was het voor ons van groot belang dat mijn vader en stiefmoeder hun daden zouden erkennen. 'Dit gaat wel weer even duren,' vertelde Nolet, 'maar volgens mij is het een stap in de goede richting.' In het televisieprogramma *Barend & Witteman* waarvoor ik werd uitgenodigd bleek Sonja Barend goed op de hoogte van onze zaak. Zij had *Verborgen tralies* gelezen en was onder de indruk van mijn verhaal. Ze liet mij ruimschoots aan het woord zodat ik kon uitleggen hoe wij werden mishandeld en hoe kindermishandeling meestal verborgen blijft.

Na drie maanden hadden we nog geen huurhuis via de gemeente. 'We gaan het anders doen,' zei ik tegen Gilmer. 'We huren iets eenvoudigs via een makelaar.' Maar ook dat was makkelijker gezegd dan gedaan. Door de beperkingen op de visa kregen we geen woonvergunning en kwam mijn familie niet in aanmerking voor huizen met een relatief lage huur. Dan maar zoeken in de vrije sector. Gelukkig hadden we nog even de tijd. Inmiddels was het hoogzomer en ik was behoorlijk uitgeput van het jaar dat achter me lag. Wat was er veel gebeurd in ons leven. Naast het fulltime huisvrouw en moeder zijn, waren mijn dagen nu ook gevuld met het voorbereiden van de komst van mijn familie, het beantwoorden van stapels lezerspost en e-mails en het geven van lezingen overal in Nederland. Gilmer en de meisjes moesten eraan wennen dat ik vaak op pad was. Gilmer ving het goed op, maar soms voelde ik ook irritatie. We moesten een nieuw evenwicht vinden en ik besefte dat die balans er moest zijn voordat we overspoeld werden door de familie. Hoe druk het ook was, ik wilde met mijn gezin op vakantie. Het werden twee heerlijke weken in Florida waarin we als gezin de reserve opbouwden die we in het najaar nog hard nodig zouden hebben.

Op 10 augustus kwamen we terug van vakantie. Ik had nog een kleine twee maanden om alles rond te krijgen. Gilmer en ik struinden alle makelaars af, maar we vonden geen passende woonruimte. Ik sprak regelmatig met iemand van de IND. Vooralsnog waren de beperkingen niet opgeheven en het lukte me niet mijn familie te verzekeren. 'Dan maar een particuliere verzekering,' stelde ik Gilmer voor. Dat was wel mogelijk, maar bestaande kwalen werden niet meeverzekerd. 'Laten we hopen dat er gauw een oplossing komt,' zei ik tegen Gilmer, 'want ze zijn er nu bijna...' Mijn familie moest zich voor eind oktober bij de vreemdelingenpolitie in Nederland melden. Daarna zouden de visa vervallen. Ali had de vliegtickets geboekt. Eind oktober zouden ze met zijn vieren op Schiphol arriveren.

Elf september

De vliegtickets lagen klaar. De familie zou niet rechtstreeks van Karachi naar Amsterdam vliegen. Amma had Ali Nawaz gevraagd een tussenstop in Mekka te regelen. Het was haar grote wens samen een bedevaart naar de heilige plaats te maken. Met zijn vieren zouden ze twee weken in Saoedi-Arabië blijven en dan doorreizen naar Amsterdam. Ik bleef naar een huis zoeken, maar mijn pogingen strandden keer op keer. Het benauwde me wel want het was inmiddels begin september en eind oktober naderde snel. Maar alles zou nog vlugger blijken te gaan.

Op dinsdagmiddag 11 september zat ik mijn dagboek bij te werken toen de telefoon ging. Het was Gilmer. 'Heb je de televisie aanstaan?' vroeg hij op gejaagde toon. 'Nee, ik zit te schrijven,' en terwijl ik dat zei, zapte ik naar Nederland 2. Ik zag New York en voor mijn ogen vloog een vliegtuig het World Trade Center in. Intussen praatte Gilmer door. 'Ongeloofflijk wat daar in New York gebeurt. Er zijn twee vliegtuigen de Twin Towers in gevlogen. Ze denken dat er sprake is van een aanslag.' 'Hè, is dit echt? Wat gebeurt er allemaal?' vroeg ik, terwijl het tot me doordrong dat er zich een onvoorstelbaar drama afspeelde. Vanaf het moment dat Gilmer belde, zat ik aan de televisie gekluisterd. Al vrij snel sijpelden de eerste berichten over een mogelijke terroristische actie door. Niet veel later werd de islam erbij gehaald. De wereld stond op zijn kop. Nederland toonde zich ontdaan en angstig. New York leek opeens eng dichtbij. Ik begon me ernstig zorgen te maken toen in de volgende dagen de actie werd toegeschreven aan Osama bin Laden, die zich ergens in het Oosten verborgen hield. 'Ik ga Ali Nawaz bellen,' zei ik tegen Gilmer. 'Het wordt veel te kritiek daar. De Verenigde Staten en Saoedi-Arabië maken oorlogsplannen. Amma moet in geen geval naar Mekka. Dit is veel te riskant.' Binnen een week lagen diverse landen in het Midden-Oosten met elkaar of met de Verenigde Staten overhoop. President Bush liet in felle bewoordingen weten dat hij wraak wilde en niet van plan was deze gewelddadige actie diplomatiek op te lossen. 'We zullen de dader vinden. En straffen,' schalde zijn stem over alle zenders. Moslims, hoe vredelievend ook, werden zwaar in de gaten gehouden en ook bij aankomst op Schiphol van top tot teen doorgelicht. Afghanistan en Pakistan stonden centraal in de vuurhaard. Grenzen werden geblokkeerd en vliegvelden zouden worden gesloten. Met het uur werd de situatie grimmiger. Hoewel ik ertegen opzag om mijn zussen te spreken, belde ik hen toch. 'Dit gaat faliekant mis. Het loopt daar helemaal uit de hand. Ik stel voor dat ze de eerste de beste vlucht naar Amsterdam nemen.' Ayesha en Zahida stemden ermee in. Ook met Ali Nawaz had ik dagelijks contact. Aanvankelijk zag hij het allemaal niet zo'n vaart lopen. Het nieuws werd in Pakistan kennelijk anders gebracht, maar toen er een vliegverbod op Islamabad werd afgekondigd, voelde Ali Nawaz de dreiging ook. Hij haalde amma over de reis naar Mekka te annuleren. Yasmin en haar man waren het daar helemaal mee eens. 'Er is een klein probleem,' zei Ali Nawaz. Aan zijn stem hoorde ik dat het probleem misschien minder klein was dan hij mij deed geloven. 'Onze paspoorten liggen nog op de ambassade van Saoedi-Arabië omdat we visa hebben aangevraagd.' Voor de zoveelste keer dacht ik: ze komen nooit, er rust een vloek op die hele familiehereniging. 'Zorg dat je de paspoorten zo snel mogelijk terugkrijgt en zoek een vlucht. Ik zal ook kijken of er wat te regelen valt, maar jullie moeten echt zo snel mogelijk weg.' Opeens leek een eigen huis minder belangrijk. 'De komende tijd moeten jullie maar bij mij, Ayesha en Zahida wonen.' Ik vond die logeerpartij op voorhand niet zo prettig. Wij zijn in Nederland opgegroeid en wonen alle drie met onze gezinnen op een westerse manier: elk kind een eigen kamer, voldoende privacy voor iedereen. Onze Pakistaanse familie had er geen enkel bezwaar tegen. Zij waren gewend om desnoods met zijn twintigen één kamer te delen. Mijn broer slaagde erin een vlucht met Swiss Air te boeken. 'Op 1 oktober zijn we er,' liet Ali Nawaz ons weten. 'We vliegen via Zürich en arriveren maandagochtend vroeg in Amsterdam.'

'Ze komen bijna,' zei ik blij tegen Rachel, Melanie en Gilmer. 'Ik juich pas als ze hier op de bank zitten, maar alles wijst erop dat ze nu echt deze kant op komen.'

'Heb je nog iets over het transport van de inboedel gehoord?' Ik schudde van nee. 'En over de verkoop van het appartement?' Ik keek Gilmer nijdig aan. 'Daar gaat het nu helemaal niet meer om. Het is daar oorlog. Ze moeten weg, anders lukt het nooit meer.' Die kon ook het bloed onder je nagels vandaan halen, dacht ik, toen hij de krant voor zijn gezicht schoof ten teken dat hij niet op die toon met me wilde praten. Toen ik de meisjes naar bed had gebracht, bood ik hem mijn excuses aan. 'Hameeda, hou jezelf in de gaten. Je loopt al maanden voor je familie te zorgen. Ook aan jouw energie en stressbestendigheid komt een eind...'

'Daarvoor heb ik nu geen tijd.' En ik begon op te noemen wat er allemaal moest worden aangeschaft om de familie een beetje fatsoenlijk te ontvangen. Ons huis is ingericht op vier mensen en niet op acht. Die avond hebben Gilmer en ik tot diep in de nacht besproken hoe we een en ander zouden aanpakken. De familie zou de eerste twee weken bij ons logeren, daarna naar Zahida gaan, dan naar Ayesha en als we dan nog geen woonruimte hadden gevonden, zou de ronde opnieuw starten. Ik maakte een boodschappenlijst. 'We hebben vier bedden nodig en lakens, dekbedden of dekens natuurlijk, extra linnengoed, meer servies, bestek, grotere pannen...' We zouden de matrassen van Rachel en Melanie bij ons op de kamer leggen zodat er twee kamers vrijkwamen. Amma en Ali Nawaz hadden samen een kamer en Yasmin en haar man konden de andere gebruiken.

De volgende ochtend stond ik klaar om op beddenjacht te gaan. Bij school vertelde ik aan een vriendin dat de familie eraan kwam. 'Ze komen! En heel snel al.' Toen zij mijn boodschappenlijst zag, bood ze me direct logeerbedden en beddengoed aan. Ik was blij verrast. Die aanschaf verliep makkelijker dan ik had verwacht. In huis moest er met bedden worden geschoven. De kamers van Rachel en Melanie wilde ik grondig opruimen. In de kasten moest plaats worden gecreëerd. Ik ging boodschappen voor een groot gezin doen. Bij de Marokkaanse slager haalde ik halal vlees en in een pas ontdekt Pakistaans winkeltje de nodige kruiden. 'Ga je straks steeds Pakistaans koken?' vroeg Melanie met een bedenkelijk snoetje. 'Nee, maar de welkomstmaaltijd is hun feest. Daarna zal het een beetje van alles worden, maar ik maak echt ook iets wat jij lekker vindt.' Ik merkte aan de meisjes dat ze de veranderingen in huis, hun intrek op onze slaapkamer, mijn bedrijvigheid en de komst van hun oma best spannend vonden. 'Hé mam, je blijft toch wel gewoon leesmoeder?' 'Tuurlijk lieverd,' stelde ik mijn jongste gerust, maar ik begreep dat er heel wat omging in die hoofdjes. Wat was hun jeugd toch totaal anders dan die van mij en er verschenen tranen in mijn ogen omdat ik zo gelukkig was dat Gilmer en ik hun die jeugd konden geven. Zij mogen niet onder de komst van mijn familie lijden, dacht ik, toen ik ze 's avonds welterusten kuste. Ik wil er altijd zijn voor mijn kinderen.

Nog steeds volgden we het nieuws op de voet. CNN stond de hele dag aan. Met de minuut raakte ik meer overtuigd van de juistheid van mijn beslissing. Het dreigde een chaos te worden in het Midden-Oosten. In het weekend bereidde ik alvast wat currygerechten en ik maakte samen met Rachel en Melanie vrolijke welkomstboeketten. Ik had mijn zussen nauwelijks meer gesproken en ik zag op tegen onze ontmoeting. Op Schiphol zouden we elkaar voor het eerst in drie jaar weer zien. Ik was zenuwachtig en hoopte zo dat alles goed zou gaan. Door de telefoon had ik met mijn zussen afgesproken dat we maandagochtend om negen uur op Schiphol zouden staan. Toen wij met z'n vieren de aankomsthal binnenliepen, waren de anderen er al. Gelukkig, dacht ik, Zahida en Ayesha zaten in elk geval bij elkaar. Ik haalde diep adem en liep op hen af. Even spraken we met elkaar over onbenullige zaken als de file en toen stortten we ons op de aankomsttijden. Terwijl de monitor aangaf dat vlucht SR 790 nog niet eens was geland, riep Gilmer: 'Daar staan ze!' Wij schoten naar de glazen deuren en zagen Ali Nawaz en Fahad, Yasmins man, wat ijsberen en met een speurende blik rondkijken. Amma en Yasmin kon ik niet ontdekken. Mijn familie, dacht ik, wat zijn ze moedig. Ze laten alles achter om in een andere cultuur, in een land met een vreemde taal, helemaal opnieuw te beginnen. Als ik aan die kleine amma dacht, kreeg ik een brok in mijn keel. Op haar leeftijd emigreren is niet niets. In 1997, toen ik mijn moeder voor de eerste keer na negenentwintig jaar ontmoette, wilde ze niets van emigratie weten. 'Holland, no, no. Holland no good.' Als ik vroeg waarom gaf ze aan moeite met de vrije manier van leven te hebben. 'Neem alleen het strand met al die blote vrouwen. No good.' Toch nam ze die enorme stap zodat ze de laatste jaren van haar leven met al haar kinderen kon doorbrengen. 'Lieve amma,' fluisterde ik voor me uit en toen zag ik haar plotseling rondlopen in haar witte *shalwarkamis.* Zij had ons nog niet gezien. 'Oma, oma,' riepen de kleinkinderen en ze bonsden tegen de ruit. De eerste mensen kwamen de aankomsthal in. Toen de deuren openschoven, riepen de kinderen harder en harder. Plotseling draaide amma zich om. Ze lachte breeduit. Yasmin begeleidde haar naar ons toe. Amma stond vlak voor me. Alleen de dikke glazen wand scheidde ons van elkaar. Ik spreidde mijn hand en drukte die tegen het glas en amma legde die van haar ertegenaan. 'Walikum salaam, amma,' zei ik zacht voor me uit en amma begreep het. Weer kregen we allemaal haar stralende brede lach te zien, maar ik zag ook hoe breekbaar ze was. En moe, doodmoe. Inmiddels had Fahad twee trolleys volgeladen met bagage. Ali Nawaz stond in een rij allerlei formulieren in te vullen. Yasmin gebaarde dat er een sporttas ontbrak. Toen pas viel het me op dat Yasmin ongelooflijk veel sieraden droeg. Pakistaanse sieraden zijn groot, zwaar en van glimmend goud. Later vertelde ze het waarom ervan. Ze had gehoord dat je invoerrechten op sieraden moest betalen en dus had ze alles maar omgedaan. Dan zou de douane begrijpen dat ze niet nieuw en gewoon van haar waren. Even later zag ik dat ook amma kettingen en armbanden uit haar handtas haalde en om haar hals en polsen hing. Gilmer stond met zijn videocamera in de aanslag. Hij zou hun aankomst in Nederland vastleggen. Alles leek op de aankomst in 1997, maar nu waren de mensen me vertrouwd. Toen ze dan eindelijk tussen de deuren verschenen, viel iedereen elkaar in de armen. Wat waren we blij dat ze veilig en wel op Nederlandse bodem stonden.

Ali Nawaz begon meteen over de bagage. 'Wat een gedoe. Eerst in Pakistan, waar we bijna alles moesten achterlaten en nu die sporttas met spullen kwijt. Die wordt misschien nog gevonden. Pff.' Met zijn onderarm veegde hij zijn voorhoofd af. Ik keek naar de twee volgeladen trolleys en vond dat ze aardig wat bij zich hadden. In 1997 kwamen ze slechts met enkele sporttassen aan. 'Had je nog meer in het vliegtuig willen meenemen dan?' vroeg ik hem. 'Ja, ja, amma wilde alles wat er nog over was meenemen. Wat Yasmin en ik ook zeiden: zij wilde niet luisteren. De meubels en alle apparatuur had ze verkocht of weggegeven, maar er bleef aardig wat over. Gisteren stonden we met een ongelooflijke hoeveelheid bagage op het vliegveld van Karachi. Het was chaos daar en we wisten niet precies wat waar in zat. De sleuteltjes pasten niet en toen hebben we maar lukraak besloten wat moest achterblijven. We hadden immers geen keus. Ja, we konden kiezen: vierduizend gulden extra betalen voor het overgewicht of koffers achterlaten bij tante Noora. Dat laatste werd het dus. Waar hadden we die vierduizend gulden vandaan moeten halen?' Met een beschuldigende blik keek ik naar mijn druk pratende, koppige jongere broer. 'Ik heb je zo vaak gezegd dat je een container voor je spullen moest huren.' Mijn blik ging naar Yasmin en Fahad. Ook hun had ik aangeraden te informeren naar prijzen. Die raad hadden ze dus niet opgevolgd. Hun hele bezit, hun hele leven aan tastbare zaken, zat in deze bagage. Alles wat er was, werd over de auto's verdeeld en daar gingen we: naar Rijswijk.

Ons huis was meteen afgeladen, de gang stond vol met koffers, tassen en bloemen. Met zijn allen dronken we chai en Hollandse koffie. Margriet, een vriendin, kwam de familie verwelkomen. Amma was het stralende middelpunt en kreeg een prachtige bos zonnebloemen. Ze voelde zich gelukkig en zij niet alleen. 'Wat een bijzondere sfeer hangt er hier,' zei mijn vriendin. Amma wenkte dat ik iets te drinken moest halen voor Margriet. 'Ja, ja,' lachte ik, 'een echte moeder hè, ze zet meteen haar kinderen aan het werk.' Midden in de herrie viel amma op de bank in slaap. Ze was op. Al die emoties van de laatste weken, het grote afscheid, de nachtvlucht en dan al haar kinderen en kleinkinderen in één ruimte. Zij haakte af. Toen ze een kwartier later even haar ogen opsloeg, gebaarde ik haar naar bed te gaan en bracht ik haar naar boven. Ik stopte haar in het schone bed en sloeg mijn armen om haar heen. 'Goodnight, amma,' fluisterde ik in haar oor. 'Ik ben zo blij dat je bij me bent.' Beneden keken Gilmer en Ali Nawaz geboeid naar CNN. Mijn broer was te opgewonden om moe te zijn. Hij vertelde zijn nieuws over de aanslagen, hoe de Arabische wereld over 11 september dacht, zijn houding ten opzichte van de islamterreur en hij vroeg ook naar onze ideeën. Van moslimmoeders bij Rachel en Melanie op school had ik begrepen dat er soms nare dingen naar hun hoofd werden geslingerd. Hun bedekte hoofden waren altijd al aanleiding tot kritiek van mensen die ze niet eens kenden, maar na 11 september leek het alsof iedereen iets te zeggen had. Ikzelf, met mijn Pakistaanse uiterlijk, heb er geen last van ondervonden maar ik besefte wel dat mijn gesluierde en traditioneel geklede moeder en zus zomaar doelwit zouden kunnen worden van misplaatste opmerkingen. Ik wilde mijn familie hier hebben. Na de aanslagen vond ik dat ze geen minuut langer in de gevarenzone konden blijven. En nu vroeg ik me toch even af of ik er wel goed aan had gedaan hen in deze tijd naar Nederland te halen.

Maar die zorgen wuifde ik op datzelfde moment weg. Eerst vierden we feest. Samen met Rachel en Melanie leidde ik Yasmin door ons huis. Ik wees haar de badkamer, haar slaapkamer, hoe wij met zijn vieren onze kamer deelden en ik benadrukte dat ze zich vooral vrij moest voelen om te gaan en te staan waar ze wilde. 'My house is your house,' zei ik tegen mijn zusje. Melanie legde een van haar lievelingsknuffels in amma's bed. 's Middags keerde de rust terug. De vermoeide reizigers sliepen, de kinderen gingen onder leiding van de zeventienjarige zoon van Zahida naar de stad en wij bereidden het avondmaal voor. 'Laten we maar bijtijds eten,' zei ik tegen Ayesha. 'Zahida moet nog terug naar Zwolle, jouw vriend naar Groningen en voor de kinderen is het morgen weer een gewone schooldag.' Het buffet zag er schitterend uit. Er waren koude en warme gerechten. We hadden diverse vlees- en groenteschotels gemaakt en de kruidige geur van de curry's rook je in het hele huis. Gilmer had roti gehaald. 'Maani?' zei Ayesha toen ze op de roti wees. 'Weet je nog, Hameeda, in 1997, toen we bij mij het welkomstetentje hielden? De tafel stond vol met prachtig versierde schalen. Amma bekeek het buffet met een kritische blik en zei toen verbaasd: "Maani? Maani?"' Ik begon te lachen en deed amma na. Ik herinnerde het me goed. 'Ja, die fout hebben we maar één keer gemaakt. Geen maani op tafel, hoe haalden we het in ons hoofd? Ja, wat dat betreft is het een pittige dame. Ze laat wel weten wat ze wil en wat ze van ons verwacht.'

Iedereen genoot van de maaltijd en het samenzijn. Even leek het alsof iedereen de mogelijke gevolgen van 11 september was vergeten. 'Zal ik morgen langskomen, Hameeda?' vroeg Ayesha. Dat leek mij een goed plan. Dinsdag 2 oktober zou het gewone ritme moeten terugkeren. Een gelukkig gevoel stroomde door mijn lijf als ik bedacht dat ik een moeder had met wie ik mijn moedertrots vanaf nu kon delen. 'Wat doen wij morgen, Hameeda?' informeerde Ali Nawaz. Ik zou hem duidelijk moeten maken dat het dit keer anders was dan in 1997. Geen vakantie! Maar ze moesten uiteraard tijd nemen om bij te komen van de reis. 'Morgen moeten we naar de vreemdelingenpolitie. Het is verplicht je binnen drie dagen te melden.'

Het was al laat toen Gilmer en ik naar boven slopen. Eindelijk was de badkamer vrij. Giechelend zei ik: 'Druk hè, zes kids in plaats van twee.' Op onze tenen slopen we de slaapkamer in. De meisjes lagen op hun matrassen naast ons bed. Ik boog me over hen heen en drukte een kusje op hun haar.

Doodmoe maar voldaan viel ik in slaap.

Een nieuw leven

Na een onrustige nacht werd ik, lang voordat de wekker ging, wakker. Mijn Pakistaanse familie sliep gelukkig door. Ik bracht de kinderen naar school en haastte me naar huis. Het zou een drukke dag worden. Allereerst wilde ik weten wat de vreemdelingenpolitie van ons verwachtte. Om half negen hing ik aan de telefoon, maar de lijn was en bleef bezet. Na een uur had ik eindelijk iemand te pakken. 'U moet inderdaad binnen drie dagen hier langskomen,' antwoordde de dame. 'Een afspraak is niet nodig. Bij ons kunt u tussen half tien en twee uur terecht. Reken er wel op dat het even duurt.' Ik keek op de klok. Het was nu tegen tienen. 'Als iedereen beneden is, gaan we gelijk,' zei ik hardop tegen mezelf. Een uur later stapten we met zijn vijven in mijn kleine autootje. Het was proppen, maar we konden binnen twintig minuten op het Stadhoudersplantsoen in Den Haag zijn. In de stromende regen reden we door de stad. De familie droeg weliswaar winterjassen van Gilmer en mij, maar hun voeten staken in sandalen. Eén stap buiten de deur en ze waren nat. Ik moet schoenen en warme kleren voor ze kopen, dacht ik bij het zien van de wapperende, dunne gewaden van vooral amma en Yasmin. Het was druk bij het kantoor van de Immigratiedienst. In de hal stonden twee rijen stoelen die allemaal bezet waren door mensen met alle mogelijke huidskleuren uit diverse culturen. Met de correspondentie rondom de toewijzing van de visa en alle paspoorten in mijn hand liep ik naar de receptie. Ik kreeg een nummer en werd naar de wachtruimte verwezen. 'Zodra er een stoeltje vrijkomt, kunt u plaatsnemen. Ga vooral zitten want de wachttijden zijn lang.' Ik bracht mijn familie op de hoogte. 'Ook al duurt het een paar uur, straks hebben we de verblijfsvergunningen en dan is dit gedoe helemaal achter de rug.' Amma keek haar ogen uit. Er liepen veel gesluierde vrouwen rond en ik zag amma goedkeurend knikken. Natuurlijk zag ze ook vrouwen en meisjes die veel minder bedekt waren gekleed. En nu is het nog herfst, dacht ik. Straks vraagt ze zich helemaal af in wat voor wereld ze is beland. Korte truitjes, navelpiercings, decolletés... Zo af en toe versprong het nummertje en mocht er iemand door een deur naar binnen. Na twee uur waren wij aan de beurt. Met zijn allen gingen we door de deur waarachter een klein hokje met een balie bleek te zijn. De dame achter de balie keek ons verbaasd aan. 'Wat doet u allemaal hier? Het is de bedoeling een voor een binnen te komen,' zei ze duidelijk geschrokken door de invasie. Ik legde uit dat ik slechts één nummertje had gekregen terwijl de receptionist wel door alle documenten van Justitie en de paspoorten was gegaan. Ik vertelde haar over onze uitzonderlijke situatie. Hoe onze gezinshereniging tot stand was gekomen en hoe bijzonder het was dat vier personen van één familie een MVV hadden gekregen. De dame begreep er niets van en dat zei ze ook. 'Ik moet dit met mijn chef overleggen.' Onthutst liet de dame ons in het hokje achter. Tien minuten later kwam ze terug met een stapel papier. Ze sprak mij aan: 'Dit zijn uw formulieren. Binnen acht dagen moeten ze hier ingevuld en ondertekend terug zijn. Vergeet niet een bewijs van de ziektekostenverzekering en de inschrijvingen bij de gemeente toe te voegen. Zonder die documenten kunnen we uw vervolgprocedure voor een MVV niet in behandeling nemen.' Niet in behandeling nemen? Mijn ogen spuwden vuur. 'Hoezo niet in behandeling nemen? Alles is al lang behandeld. Er is niets wat Justitie niet weet. Wanneer krijgen we de verblijfsvergunningen?' 'Mevrouw, Justitie regelt de zaken als uw familie nog in het buitenland is. Zodra iemand door de douane is toegelaten, start er een nieuwe procedure waarbij inschrijvingen bij een gemeente en ziektekostenverzekeraar zijn vereist. De zaak wordt dan opnieuw bekeken.' 'Hoe lang duurt dat dan?' vroeg ik aarzelend terwijl de familie toekeek. 'Als alles door de Visadienst is geaccordeerd zijn dit gewoon de formaliteiten, maar de vreemdelingenpolitie werkt zelfstandig en heeft haar eigen handelwijze.' En ik weer wat werk erbij, dacht ik, en liet mijn ogen over de stapel formulieren gaan. 'Dat moet dan maar.'

Veel tijd om moeilijk te doen had ik niet want om vier uur moest ik in Amsterdam zijn om kennis te maken met een literair agent uit New York. Zij zou proberen de vertaalrechten van het boek in het buitenland te verkopen. Bovendien had ik me voorgenomen even bij het Pakistaanse winkeltje te stoppen. Eigenlijk speciaal voor amma om haar te laten zien dat er in Nederland meer Pakistani wonen. Iedereen stapte uit en het winkeltje was gelijk vol. Amma's gezicht klaarde helemaal op toen ze in het Urdu welkom werd geheten. En ze straalde nog meer toen ze bloem voor maani en haar 'eigen' kruiden en specerijen ontdekte. Een grote zak basmatirijst werd op de toonbank gelegd. Wij aten altijd Surinaamse rijst maar die was 'no good' zoals amma mij daar vertelde. Te nat. Voor de zekerheid sloeg de familie in het groot in. 'We hoeven niet alles in een keer te kopen,' zei ik voorzichtig tegen Yasmin. Ik zag mijn keukenkastjes al uitpuilen. Met tassen vol doken we mijn Twingo weer in. Over een half uur moest ik echt vertrekken anders zou ik nooit op tijd in Amsterdam zijn. Gelukkig arriveerde Ayesha tegelijkertijd met ons. Terwijl de familie met Ayesha de restjes van de vorige avond opat, haastte ik me naar boven om me te verkleden. Nog even naar de wc en dan… 'Gatsie, wat is dit?' Nog op kousenvoeten was ik de wc ingestapt. De wc en de grond waren helemaal nat. Ayesha boog zich langs mij heen. Van de familie kwam er niemand naar de gang. Ik had geen tijd om hier nu aandacht aan te besteden, maar ik wist dat de natte wc iets met de hygiënische gewoonten in Pakistan te maken had. Toen ik mijn jas aantrok, stond Ali Nawaz naast me. 'Ik wil wel mee naar Amsterdam. Leuk om die stad weer eens te zien.' Waarom niet? dacht ik. Misschien was het juist leuk om met mijn broer die dankzij *Verborgen tralies* nu in Nederland is bij de literair agent aan te komen.

Het was chaotisch op de weg. De regen bleef met bakken uit de hemel komen. 'Is het altijd zo?' vroeg mijn broer terwijl hij zich boog om door het autoraam naar de grijze lucht te kijken. 'Heb je al spijt?' zei ik op een lacherige plaagtoon. Hij gaf wijselijk geen antwoord. Daar reed ik dan met mijn broer naast me, wat een bijzonder gevoel was dat. Ik was niet zo spraakzaam. De ontmoeting met de Amerikaanse agent maakte me nerveuzer dan ik verwachtte. Bovendien wist ik even niet wat ik tegen Ali Nawaz moest zeggen. Op een gegeven moment viel het me op dat hij wel erg zwijgzaam was. 'Is er iets, Ali?' Hij schudde een beetje met zijn schouders en bleef voor zich uit kijken. 'Zit je ergens mee?' Een beetje haperend begon hij te praten. 'Ik word drieëndertig, Hameeda.' Even keek ik met gefronste wenkbrauwen in zijn richting. 'Ja, ja, ik ben jouw jongere broer maar hier en daar zie ik al grijze haren te voorschijn komen. Het wordt tijd voor een vrouw, maar van een uithuwelijking zal voorlopig geen sprake meer zijn.'

Geen sprake meer? dacht ik. 'Heb je weleens een vriendin gehad?' vroeg ik tegen beter weten in. In Pakistan sprak je natuurlijk niet over vriendinnen. Families zochten de juiste partners voor elkaar en er werd uitgehuwelijkt. Tot mijn verbazing begon hij te vertellen dat hij zelf een meisje op het oog had gehad. 'In een van mijn klassen zat een lief meisje.' Oei, dacht ik, als leraar mag hij toch geen leerling benaderen, dat kan eigenlijk niet. 'Een lief meisje? Sprak je met haar?' Met een boze blik keek Ali Nawaz me aan. Hij schudde zijn hoofd. 'Nee, nee, natuurlijk niet. Maar ik zag dat ze een goed meisje was. Ze had haar ogen altijd naar beneden gericht, droeg geen make-up en ze kwam lief en bescheiden over.' Ik luisterde aandachtig. Gilmer zou een lief meisje heel anders definiëren, dacht ik terwijl ik een glimlach onderdrukte. 'Ik vroeg amma een huwelijk voor me te regelen.' 'Je hebt toch geen vrouw achtergelaten in Pakistan?' viel ik hem geschrokken in de rede. 'Nee, dat is helaas niet gelukt. Ik had dat wel gewild, hoor.' Verbaasd keek ik hem even aan. Hoe kon iemand vlak voor een emigratie aan een huwelijk denken en vervolgens een vrouw zonder man achterlaten? 'Amma heeft een poging voor mij gedaan. Ik had het prettig gevonden een Pakistaanse vrouw te hebben. Een vrouw uit mijn eigen cultuur.' 'Maar, maar,' probeerde ik hem in de rede te vallen. 'Ja, ja, ik weet wat jij wilt zeggen. Je gaat toch niet trouwen om iemand achter te laten, maar daarover had ik echt wel nagedacht. Ik was haar later wel gaan halen.' Ik haalde mijn schouders op. Was dat nu mijn moderne broer? Hoe goed kende ik hem eigenlijk? 'Waarom is het niet doorgegaan?' 'Ach, het meisje was een Punjabi. Iemand uit Punjab trouwt nooit met een Sindhi, maar ik had haast. De familie was wel boos. Ten eerste omdat ik als leraar een leerling had benaderd en ten tweede om het kasteverschil. Maar hoe ik hier aan een vrouw moet komen...' 'Kom op, Ali,' sprak ik mijn broer moed in. 'Je bent nog hartstikke jong. Wen nu eerst maar eens. Gun jezelf een beetje tijd. Je bent gisteren pas gearriveerd, hoor. Hier zul je veel vrouwen ontmoeten. Bijvoorbeeld op je werk. En je zult merken dat die vrouwen ook zelf het initiatief zullen nemen om met jou in contact te komen.' Mezelf vermanend er niet meer aan te denken, reed ik door naar Amsterdam maar ik voelde dat mijn broers verhaal me dwarszat. Het ergerde me dat hij zich zo niet-westers opstelde. Hij zou hier toch echt anders met vrouwen moeten omgaan. Als hij straks een baan had, was zijn baas misschien wel een vrouw. Ik vond het ook vervelend dat hij me dit verhaal nu pas vertelde. We hadden elkaar lange brieven geschreven en vaak aan de telefoon gehad. Nou ja.

Toen Ali Nawaz en ik de lobby van het hotel binnengingen, zag ik meteen de uitgever met de Amerikaanse agent. De manier waarop ze met elkaar zaten te praten, zag er heel ontspannen uit. Gelukkig, dacht ik. Mijn uitgever sprong meteen op toen ze ons in het oog kreeg. 'Hameeda, wat zie jij er gelukkig uit. Je straalt helemaal.' Zo voelde ik me ook. Ik was blij en trots dat ik mijn broer aan hen kon voorstellen. 'Mijn familie is er en dat is mede dankzij jullie gelukt.' Het was duidelijk dat de agent al veel over me had gehoord. Bovendien waren er drie hoofdstukken van *Verborgen tralies* in het Engels vertaald en die had ze gelezen. Ze stelde vragen aan mij en ook aan Ali Nawaz maar die had het druk met andere zaken. De thee was binnengebracht. Op een zilveren dienblad stonden kannen met water en mooie theekoppen. Het kokende water werd in de koppen geschonken en de ober gebaarde dat we zelf een keus uit de theezakjes konden maken. Ali Nawaz pakte een zakje, bekeek het van alle kanten, rook er eens aan en scheurde het vervolgens resoluut open. De losse thee strooide hij in het water. Voor mij deed hij hetzelfde. Ik tikte op zijn arm en keek hem verbaasd aan. Toen pas merkte hij dat iedereen naar hem zat te staren. 'Chai,' zei hij terwijl hij op onze kopjes wees. Iedereen begon te lachen en Ali Nawaz lachte hartelijk mee, omdat de losse thee bleef drijven. Hij vroeg opnieuw om heet water en zag hoe je het zakje ook kon gebruiken.

Mijn broer bleek heel aangenaam gezelschap. Hij vertelde makkelijk en boeiend over de onzekerheid in Pakistan die na 11 september sterk was toegenomen. Hij deed verslag van de reis, sprak over amma en over zijn toekomstverwachtingen. Eerlijk gezegd hadden we het over van alles en nog wat en Ali Nawaz had een doordachte mening. Hij was bepaald niet dom en ik was trots op mijn jonge broer. De literair agent was duidelijk geïnteresseerd in mij, mijn broer, mijn familie en in mijn verhaal. Ze had goed nieuws: *Verborgen tralies* was nu ook door een Portugese uitgeverij gekocht en ze hoopte de rechten aan nog meer landen te verkopen. Wat een bijzondere ervaring om met mijn broer te delen. In de stromende regen renden we terug naar de auto en in een opgeluchte en uitgelaten stemming reed ik naar Rijswijk.

Toen ik de sleutel in het slot stak, realiseerde ik me dat thuiskomen nu wel even anders was. Iedereen vroeg mijn aandacht en zat klaar om weer gezellig te gaan tafelen. Ik boog me over amma heen die heel ontspannen onder een plaid op de bank lag. Terwijl ik een hand op mijn zusjes arm legde, vertelde ik iets over mijn afspraak van die middag. Ik vroeg waar Gilmer, Rachel en Melanie waren. Hun jassen hingen aan de kapstok dus ze moesten in huis zijn. Hameed, Yasmin en ook amma haalden hun schouders op. Ik holde naar boven en daar op ons bed zat mijn gezin vrolijk tv te kijken. 'Hé, mam.' Rachel stormde meteen op me af. Gilmer had een verontschuldigende blik in zijn ogen. 'Vind je het erg dat we hier zitten?' Ik schudde mijn hoofd. 'Ben je gek, helemaal niet. Fijn juist dat jullie lekker even een eigen stek hebben. Blijf maar hier totdat ik een seintje geef. Ik ga voor het eten zorgen.' Ik trok de deur dicht en deed hem weer vlug open. 'O ja, het was trouwens erg leuk om met Ali Nawaz die agent te ontmoeten. Ze was heel enthousiast.' Gilmer stak zijn duim op en knikte goedkeurend. Ik was blij dat Gilmer flexibel met de nieuwe situatie omging. Uiteindelijk was het mijn familie die we over de vloer hadden. Hoe fijn ik het ook vond, ik begreep dat dit natuurlijk niet te lang moest duren.

Voorlopig was het allemaal gezellig en daarvan wilde ik met volle teugen genieten. 's Avonds zaten we weer met zijn achten te eten. Met een gevoel van trots liet ik mijn blik langs amma, Yasmin, Fahad, Ali Nawaz, Gilmer, Rachel en Melanie gaan. Eindelijk waren we bij elkaar. Eindelijk konden we beginnen aan het smeden van een echte en hechte band. Sinterklaas, Kerstmis, de verjaardagen… alles zou vanaf nu anders zijn.

Wonen in twee werelden

En alles werd anders. Ik was blij en gelukkig met mijn familie in mijn directe omgeving, maar ik moest wennen aan de veranderingen in huis. Ons gewone gezinsleven lag overhoop. Vier vertrouwde maar tegelijkertijd volslagen vreemde volwassenen die vakantie vieren in je huis terwijl de rest werkt en naar school moet, vergt veel energie. Ik zette mijn beste beentje voor om alles tot in de puntjes te verzorgen. Ik wilde wat graag dat mijn familieleden het bij ons naar hun zin hadden en mij een perfecte gastvrouw zouden vinden. Het huis moest schoon zijn, de wasmachine draaide voortdurend, de hele dag stonden er pannen op het fornuis. Mijn werkzaamheden rondom *Verborgen tralies* en mijn activiteiten op de school van Rachel en Melanie had ik op een laag pitje gezet. Bovendien viel er nog veel te regelen voor de definitieve verblijfsvergunningen. Ik probeerde alles voor mijn Pakistaanse familie te organiseren, de deur open te houden voor mijn Hollandse zussen en tegelijkertijd Gilmer en de meisjes niet tekort te doen. Het lukte allemaal heel aardig. Iedereen leek tevreden, maar zelf voelde ik een enorme druk.

Dat mijn huishouden in alle opzichten op zijn kop stond, was dus logisch. Op de eerste verdieping zijn de meisjeskamers, onze 'computerkamer' en badkamer en op de tweede verdieping is onze slaapkamer. Nu deelden we diezelfde ruimten met zijn achten. Rachel en Melanie sliepen op matrassen naast ons bed zodat de eerste etage helemaal voor de logés was. Ik kwam er al snel achter waarom de wc-pot, de vloer van het toilet, de kleedjes en de badkamer voortdurend drijfnat waren. Pakistani gebruiken geen toiletpapier maar spoelen zichzelf met water schoon. Omdat ik daarvoor geen voorzieningen had, plaatste ik kannen in het toilet. Mijn familie bedacht een handiger oplossing en probeerde zichzelf te wassen door de doucheslang naar de wc te trekken. Hoe breng je ter sprake dat je jezelf ook anders kunt schoonhouden, zonder al te veel nattigheid? De wc-pot kreeg het ook zwaar te verduren. In plaats van erop te zitten, klom mijn familie op de closetpot om op de bril te hurken. Binnen enkele dagen hing de bril los aan de pot. Ik deed Yasmin voor hoe wij de wc gebruiken. Yasmin begreep wel wat de bedoeling was, maar vertelde dat amma graag haar eigen gewoonten wilde aanhouden. Van mij mocht dat best. Ik legde het mijn dochters uit en we spraken af dat zij niet meer op sokken naar de wc zouden gaan en intussen probeerde ik een en ander zo droog mogelijk te houden. Voor elke wasbeurt pakten mijn familieleden een schone handdoek. Was die van hen nat, dan waren die van ons aan de beurt. Het gebruik van één handdoek per persoon leek onbekend en de stapels groeiden en groeiden. De tandenpoetsbekers verhuisden naar het toilet voor de spoelbeurt. Gilmer en ik zagen het allemaal met verbazing aan en wezen de kinderen erop dat ze niet meer uit die bekers moesten drinken. Met zijn vieren bespraken we alles wat in onze ogen vreemd was, maar niet met de familie. Ook de keuken had na een dag of vijf een totaal ander aanzien. Wij waren gewend 's ochtends en 's middags een boterham te eten. 's Avonds werd er meestal gekookt, maar als dat niet uitkwam, werd de warme maaltijd weleens overgeslagen. In Pakistan wordt er de hele dag gekookt en minstens twee keer warm gegeten. De gerechten zijn sober maar bewerkelijk en de vrouwen zijn er voortdurend mee bezig. Voor mij betekende het een verstoring van mijn Hollandse ritme en eerlijk gezegd was het heel ingewikkeld om al die extra huishoudelijke activiteiten ergens in te plannen. De supermarkt was een belevenis voor amma en Yasmin. 'Alles is verpakt?' zei amma verbaasd. Ze keurde alles door erin te knijpen of eraan te ruiken. Bloemen waren 'no good': ze ruiken nergens naar. Het fruit en de tomaten vond ze smakeloos, maar in de supermarkt keken ze toch hun ogen uit. Ze vonden het prachtig totdat het tot amma doordrong dat er ook onrein vlees werd verkocht. Amma wilde zo snel mogelijk de winkel verlaten. 'Wat is er met haar?' vroeg ik bezorgd. Yasmin legde uit dat ze schrok van de grote hoeveelheid onrein vlees. Ik nam mijn familie regelmatig mee naar de Pakistaanse winkel. Daar vonden ze de dingen die ervoor zorgden dat ze zich thuis voelden en vooral voor amma, een vrouw op leeftijd, vond ik dat belangrijk. Ik was trouwens verrast hoe inventief zij was om onze Hollandse producten op zijn Pakistaans te gebruiken. Zo verbaasde ik me er de eerste dagen over dat ik steeds opengescheurde theezakjes vond. De thee was eruit en de zakjes lagen droog op het aanrecht. De eerste keer gooide ik ze zonder nadenken weg. De tweede keer vroeg ik me af wat Rachel en Melanie toch met die zakjes deden tot ik ontdekte dat amma en Yasmin de 'daders' waren. 'Wat doe je?' vroeg ik verbaasd aan mijn zusje. '*I make chai*,' antwoordde Yasmin. Ik had het kunnen weten van Ali Nawaz in Amsterdam. Chai maak je van losse thee met melk en suiker waarop je water schenkt en dat breng je aan de kook. Ik noteerde losse thee op het boodschappenlijstje. 'Nu we het toch over chai hebben... Verkopen ze hier ook buffelmelk? Die is vetter en lekkerder voor de chai.' Buffelmelk op het lijstje. Na enkele dagen was de inhoud van de koel- en keukenkast internationaler dan ooit. Naast de halfvolle melk stond volle, gesteriliseerde melk. Buffelmelk werd jammer genoeg voor amma niet verkocht. Er was losse thee en een doos met theezakjes. Naast de hamburgers lag het halal vlees, wat heftige discussies opleverde tussen Ali Nawaz en mij, naast de Surinaamse rijst de baal basmatirijst. Er was bloem voor de maani en zelfrijzend bakmeel voor de pannenkoeken. Linzen voor de dhal, kruiden en specerijen voor de specifieke vleesgerechten. Het was een zooitje, maar het samenzijn met mijn familie telde veel zwaarder dan die chaos in huis. Als ik de rommel zag, haalde ik mijn schouders op en knuffelde amma maar weer eens stevig.

Mijn familie zat bij voorkeur op de luie stoelen voor de tv. Amma lag meestal op de bank. Terwijl ik in de open keuken eten klaarmaakte, hoorde ik mijn familie in het Sindhi discussiëren. Ik had een poging gedaan wat woorden te leren, maar verder dan een begroeting en vriendelijke beleefdheidswoordjes had ik het nog niet gebracht. Aan hun gesprekken kon ik geen touw vastknopen en dat stak me wel.

Met Ali Nawaz en Yasmin kon ik uitstekend in het Engels praten, maar amma's Engels was heel gebrekkig. Praten bleef vooral handen- en voetenwerk. Het communicatiegebrek ving ik op door veel naast haar te zitten en haar hand vast te pakken om haar mijn warmte en liefde te laten voelen. Meestal werd er niet meer gesproken als Gilmer en ik ons bij het gezelschap voegden. Ik had moeite met die stiltes. 's Avonds vertrokken ze zonder te groeten naar hun slaapkamer en 's ochtends hoorde ik nooit een goedemorgen. Ook in de auto werd er zelden iets gezegd. Andere gewoonten, nam ik aan, maar die stiltes stoorden me wel. Amma besprak met haar Pakistaanse kinderen van alles en nog wat terwijl ik bezig was in de keuken, bij de wasmachine, de droger of in het toilet. Amma stuurde Yasmin zo af en toe naar de keuken om mij te helpen bij het koken. Op een afstand bleef mijn zus staan kijken totdat ik haar vroeg iets van me over te nemen. Als het klusje was geklaard, ging ze snel terug naar de voorkamer.

'Voor twee weken vind ik dat geen probleem,' zei ik na een week tegen Gilmer. 'Misschien vinden ze het vreemd om te helpen maar als de logeerpartij lang gaat duren, moeten we wel taken verdelen. Yasmin en amma kunnen best koken. En waarom zouden Ali Nawaz en Fahad niet iets doen? Nu kijken ze de hele dag naar CNN.'

Dat het nieuws voortdurend werd gevolgd, was begrijpelijk. De spanningen tussen de Verenigde Staten en Afghanistan liepen hoog op. Ook Pakistan was voortdurend in het nieuws en de berichtgeving over de Pakistani klonk verre van positief. De hele dag door zagen we Amerikaanse beelden van de kampen aan de grenzen, de volksverhuizingen en de moeilijkheden met India, en we hoorden berichten over de vijandige houding van de islamitische landen ten opzichte van het Westen en met name de Verenigde Staten. Voor amma, Ali Nawaz, Yasmin en Fahad leek Pakistan verder weg dan ooit. En zoals de meeste mensen die eenmaal weg zijn uit hun land, voelden ze de liefde voor hun vaderland sterker en dieper dan ooit. Mijn familie vond de nieuwsverslagen westers getint en miste respect en eerbied voor de islam.

Vanaf het moment dat mijn familieleden hun intrek in ons huis hadden genomen, was ik aan de slag gegaan om de immigratie definitief te maken, had ik hen opgegeven voor de integratiecursus en zocht ik alternatieven voor dat wat ze in Nederland het meest zouden gaan missen. Een bezoek aan de moskee hoorde daarbij. In Den Haag wist ik er één, een heel mooie, en daar reed ik hen regelmatig naartoe. Ik had en heb niets met de islam of enig ander geloof. Ik heb respect voor ieders overtuiging, maar voel zelf geen enkele behoefte me tot een religie te bekeren. Hoewel amma me een keer vroeg mee naar binnen te gaan, had ik nooit de neiging positief op die uitnodiging te reageren, niet eens uit nieuwsgierigheid. Integendeel, zou ik zeggen. In Pakistan had ik al veel moskeeën gesluierd bezocht. Ik wist al hoe het er daarbinnen aan toe ging. Het bezoeken van de moskee was vooral een mannenaangelegenheid. Alleen al het feit dat de hoofdingang voor de mannen was en de zij-ingang voor de vrouwen stond mij tegen. De islam, de moskee, de wetten, regels en gewoonten hoorden bij mijn familie, maar niet bij mij. Het werd al snel gewoon om mijn familie af te zetten, door te rijden naar de islamitische slager die niet ver van de moskee een winkel had, en na de boodschappen terug te rijden om de familie op te wachten. Ik liep dan wat heen en weer voor de moskee en vaak voelde ik me bekeken. Ik verbeeldde me dat de 'kijkers' me kwalijk namen dat ik, met mijn uiterlijk, westers was gekleed en ongesluierd op straat liep. Ook heerste de angst dat ik mijn vader daar zou tegenkomen. Ik kon me niets herinneren van zijn moskeebezoeken, maar toch. Na hun eerste bezoek aan de moskee in de Haagse Van der Vennestraat waren Yasmin en amma giechelig. Ik begreep niet waarom en waarover ze het hadden en vroeg Ali Nawaz ernaar. Hij lachte en wuifde mijn vraag weg. Op die momenten kon ik me diep ongelukkig en eenzaam voelen. Buitengesloten. Ik miste het middel om te communiceren. Toen ik van hem geen antwoord op mijn vraag kreeg, vroeg ik Yasmin heel direct wat er zo leuk was in de moskee. Aanvankelijk probeerde ook zij mijn vraag te ontwijken, maar na wat aandringen kwam er toch een antwoord. In de moskee worden de handen en voeten gewassen. Ik had voor amma en Yasmin panty's en maillots gekocht en nu zaten ze daar min of meer opgesloten in hun panty. Ze hadden geen idee hoe ze hun voeten fatsoenlijk konden ontbloten en dus waren ze die eerst op het toilet gaan uittrekken en ze hadden de panty's in hun handtasje gefrommeld. En weer schoten ze in een soort slappe lach. Zij horen bij elkaar, dacht ik. Deze intimiteit bereik ik nooit met mijn moeder.

Het verbaasde mij hoe snel voornamelijk Ali Nawaz contact had gelegd met Pakistani. Van hen kreeg hij allerlei informatie. Bijvoorbeeld over de frequentie van radiostations waarop Urdu werd gesproken, over taalcursussen, het recht op uitkeringen en de permanente verblijfsvergunningen. In sommige opzichten raakte hij heel snel ingeburgerd.

Wat de vergunningen betreft, belde en regelde ik me suf om alles binnen de gestelde termijn rond te krijgen. Een eigen woning zat er voorlopig niet in, dus de familie zou formeel op ons adres verblijven. Inschrijving bij de gemeente was vervolgens geen probleem, maar het vinden van een maatschappij die de ziektekosten wilde verzekeren des te meer. De hartklachten en medicijnen van amma stonden een regeling in de weg. 'Ik krijg het hier Spaans benauwd van,' zei ik bezorgd tegen Gilmer. 'Voor de anderen kan ik een verzekering regelen maar amma's hartkwaal blijft buiten de vergoeding. Zij valt onder mijn financiële verantwoordelijkheid. Ik sta garant voor haar. Ik moet er niet aan denken dat ze iets aan haar hart krijgt en op de intensive care terechtkomt. Die lasten kunnen wij helemaal niet aan…' Door te bellen, praten, zoeken en vragen probeerde ik de familie bij onze eigen maatschappij mee te verzekeren. Binnen acht dagen had ik de aanvraag compleet en alle documenten ingevuld. Ik gaf de stapel papieren persoonlijk af bij de vreemdelingenpolitie en vernam dat we zo snel mogelijk bericht zouden krijgen over het type verblijfsvergunning. 'Type vergunning? Wat kan dat nu weer betekenen?' vroeg ik vermoeid. Na talloze telefoontjes wist ik nog niets. Zoals de zaken er nu voor stonden, kwam mijn familie in aanmerking voor een verblijfsvergunning met beperkingen. Dat hield in dat ze geen recht hadden op een uitkering, noch op een huurwoning via de gemeente. Verder garandeerde niemand volledige dekking van hun ziektekosten. 'Ik ben zo bang dat er iets gebeurt,' zei ik 's avonds tegen Gilmer. 'Ik blijf bellen met de IND voor een vergunning zonder beperkingen. Met die beperkingen kunnen zij niets ondernemen. Dan blijven ze toch vreemden in het land dat hun thuis moet worden. Volgens de beperkende regels moeten wij hun onderdak bieden omdat ik garant sta. Ze mogen niet eens zelfstandig wonen…' Toen ik amma vertelde dat ze voorlopig het huis met mijn gezin of dat van Ayesha of Zahida zou moeten delen, haalde ze haar schouders op en begon te glimlachen. 'Hameeda, dat kan toch ook makkelijk. Jullie huizen zijn groot en ruim. In Karachi wonen sommige families met zijn twintigen in een vertrek dat nog niet de helft is van jullie slaapkamer.' 'Nederland is Pakistan niet, amma. Wij zijn het hier anders gewend.'

'Onze jacht op een huis verloopt niet soepel,' meldde ik mijn zussen. 'Het is moeilijk betaalbare woonruimte te vinden.' 'Het is niet anders,' zei Ayesha. 'Desnoods blijven er twee bij de een en twee bij de ander, als dat beter werkt.'

'Natuurlijk kunnen ze bij ons blijven logeren,' antwoordde ik mijn zus, 'maar echt makkelijk is het niet. Privacy is ver te zoeken en dat geldt voor ons allemaal. Ik vind dat ze zo snel mogelijk een zelfstandig leven moeten kunnen leiden in Nederland. Ali Nawaz, Yasmin en Fahad zullen binnenkort vast gaan werken…' Maar ook hier ontdekte ik het verschil tussen mijn wereld en die van mijn familie. Mijn familie had nu ruim twee weken vakantie gehouden in ons huis. Ik zou ze met zijn vieren naar Zahida brengen, waar ze ook twee weken zouden logeren. Daarna zouden ze naar Ayesha gaan. 'Als we over vier weken nog geen woning hebben, zijn wij weer aan de beurt,' zei ik tegen Gilmer.

'Geen punt, maar ik zoek wel naar een eenvoudige koopwoning voor de periode dat ze niet in aanmerking komen voor een betaalbaar huurhuis. Een beetje afstand is voor iedereen goed en helpt hen om te leren hier voor zichzelf te zorgen. Zolang de familie bij jou of een van je zussen is, zullen ze zelf niets aanpakken. Jullie nemen ze al het werk uit handen.' Gilmer had gelijk. Natuurlijk hadden ze tijd nodig om te wennen maar ze waren wel naar Nederland gekomen voor een betere toekomst. En daar zouden ze ook zelf voor moeten knokken.

'Onze' twee weken waren voorbij. We hadden van alles gedaan. Zaken geregeld, gediscussieerd, kleding en winterschoenen gekocht en we waren uit geweest. Het leren kennen van een westers huishouden was op zich al een aaneenschakeling van nieuwe ervaringen: de stofzuiger, kruimeldief, magnetron, wasdroger... Winkelen was ook een hilarische gebeurtenis. Zo verloren amma en Yasmin bijna hun evenwicht op de roltrap van de Bijenkorf, ze schrokken van de automatische deuren en verbaasden zich over het aanbod in warenhuizen. Alles werd aangeraakt en moest onmiddellijk worden gekocht. Soms zag ik het winkelpersoneel onze delegatie kritisch gadeslaan. Ik legde uit dat warenhuizen geen bazaar zijn, dat alles peperduur is en je niet verplicht bent te kopen. 'Kijken mag ook,' sprak ik vrolijk. Het systeem van schoenmaten was amma helemaal vreemd. Ze struinde alle rekken met alle maten af en begreep niet waarom de verkoper de maten boven 36 weer terugbracht. We hadden Yasmin, Ali Nawaz en Fahad de beginselen van het fietsen geleerd. Als kleuters slingerden ze over het trottoir. 'Stuur recht,' riepen Melanie en Rachel lachend, 'doortrappen, anders rol je om.' En boem, daar lag Yasmin weer op straat. Zelf kon ze er gelukkig ook om lachen. De grote Haagse markt was ook een belevenis. Amma kon nauwelijks geloven dat er in één stad mensen van zoveel verschillende nationaliteiten woonden. Met Ali Nawaz had ik niet meer verdergepraat over zijn behoefte aan een Pakistaanse vrouw. Wel viel het me op dat hij tot in de grond was verwend door mijn moeder. Hij vond het doodgewoon dat zijn overhemden gestreken klaarhingen, dat er voor hem werd gekookt en schoongemaakt. Ook al zat hij de hele dag voor de tv. Amma bemoeide zich bij mij niet met de was maar vroeg mij wel Ali's shirts te strijken. Toen ik dat weigerde en Ali Nawaz wilde uitleggen hoe een strijkijzer werkt, zei hij: 'Dat is vrouwenwerk.'

Een paar dagen voordat de familie naar Zahida zou gaan, namen Gilmer en ik hen mee uit in Scheveningen. Amma bleef thuis. Het werd een gezellige avond en we waren pas tegen half twee thuis. Gilmer en ik bleven beneden wachten totdat iedereen klaar was in de badkamer. 'Overmorgen is het huis weer een hele maand voor ons vieren,' zei ik tegen mijn man.

Op de ochtend van de verhuizing stonden ze alle vier met tassen klaar. 'We nemen niet te veel mee,' deelde Ali Nawaz mee. 'Als het niet bevalt, zijn we zo weer terug. Amma wil niet weg. Niet naar Zahida.' Ik keek hem verschrikt aan. Hoewel ik het heerlijk vond mijn familie om me heen te hebben, was ik hard toe aan rust en privacy. Ik miste de knusse momenten met mijn dochters en ik wilde de band die ik met hen had om niets en niemand verliezen. Ik merkte dat ze mijn aandacht misten en dat ze bang waren dat door de komst van mijn moeder, hun moeder en hun leven voorgoed zouden veranderen. Ik wilde bewijzen dat voor hen alles bij het oude bleef of nog leuker werd. 'Hoezo niet?' vroeg ik dus aan Ali Nawaz. 'Dat kun je niet maken. Dit is afgesproken. Zahida rekent op jullie en kijkt ernaar uit twee weken met jullie door te brengen.' Nu was dat lichtelijk overdreven en diep in mijn hart was ik bang dat Zahida niet met zo'n verstoring van haar huishouden zou kunnen omgaan. Bij mij had niemand een hand uitgestoken en die houding zou Zahida geenszins bevallen, dat wist ik zeker. Zahida had haar eigen regels en was daar doorgaans heel duidelijk over. Het ging bij aankomst dan ook direct mis. Zahida was nog druk bezig met het reorganiseren en schoonmaken van de kamers. We arriveerden tegen lunchtijd, maar er stonden geen pannen te pruttelen op het fornuis. 'No food?' vroeg amma aan mij. 'Wat bedoelt ze?' vroeg Zahida. Ik vertelde haar dat ik in het begin soms twee keer per dag voor hen had gekookt. 'Te vermoeiend, hoor. Twee keer koken doen ze zelf maar. Ik ga nu koffie of thee maken, er is brood en vanavond zien we wel verder.' Zwijgend dronken we een kop Hollandse thee, van zakjes gezet. Zou ik Zahida vertellen over amma's voorkeur voor losse thee zodat ze ook hier chai kon maken? Ach, laat maar zitten, dacht ik. Waarschijnlijk vindt ze me dan een bemoeial. Bovendien zal Zahida de dingen op haar manier oplossen. Ik was jaloers op mijn oudere zus die haar gewoonten niet zomaar terzijde zou schuiven. Ik moest ook meer voor mijzelf opkomen. Wel twijfelde ik eraan of Zahida het zou volhouden om twee weken met vier vreemde familieleden haar huis te delen. De sfeer was benauwend. Niemand sprak. Ik voelde de spanning. Ik keek naar amma en de anderen die min of meer verloren en ontheemd in weer een vreemd huis zaten. Gelukkig hebben ze elkaar, dacht ik. We moeten ze nu nog niet twee aan twee onderbrengen. Ik nam het gezicht van mijn moeder in me op. Zou ze hier ooit oprecht gelukkig kunnen zijn? Zou amma zich in de loop van de tijd kunnen aanpassen? Er was veel om over na te denken. Ik dronk snel mijn thee op. 'Als ik nu ga rijden, ben ik voor de files thuis,' legde ik uit. Ik omhelsde amma en gaf de anderen een stevige knuffel. 'Tot snel, we bellen gauw.'

Aankomst in Nederland, 1968.
Zahida, Hameeda, Ayesha
en amma

Amma op 28-jarige leeftijd

Hameeda, 3 maanden oud

Ayesha, Hameeda en Zahida met Yasmin op schoot

Hameeda, amma en familie in haar geboortehuis in Bakra Pri, 1998

Amma's huis in Soomar Halepoto

Na de verschijning van *Verborgen tralies*; signeren bij boekhandel Kramer in Winterswijk

Foto Jaap Meijer

Te gast bij
Sonja Barend

Foto De Telegraaf

Hereniging met amma na 29 jaar, 1997

Foto De Telegraaf

Afscheid na drie maanden in Nederland, 1997

Foto Frans Jongen

De eerste maanden in Nederland, najaar 2001

Foto Brenda van Leeuwen

Hameeda met Melanie en Rachel, 2001

You are a Muslim girl

Doodmoe, met een bezwaard gevoel maar ook opgelucht reed ik weg uit Zwolle. Ik hoopte van harte dat het verblijf bij Zahida goed zou verlopen. Ik kende mijn zus. De hereniging had veel losgemaakt. Zahida zat met veel vragen waarop amma nog geen antwoord had gegeven. Ik wist dat mijn zus het daar moeilijk mee had. Eigenlijk was dat vanaf het begin zo geweest. Zahida had net een ander huis, twee opgroeiende kinderen en een nieuwe vriend, dus druk met haar eigen leven. Voor de familie zette ze veel opzij, maar ze verwachtte medewerking en hulp. Waarschijnlijk zou ze zelfs vragen of zij af en toe konden zorgen dat 's avonds het eten op tafel stond. En eerlijk gezegd zou dat ook beter zijn, maar bij mij was dat anders gelopen. Ik had ze vooral verwend. Ik had alles gedaan om het mijn familie naar de zin te maken. Ik deed dat trouwens met plezier maar ik wist ook dat ik zo'n ritme niet nog eens twee of vier weken zou volhouden. Ik had mijn gezin tekortgedaan – en dat knaagde – en mijn familie op het verkeerde been gezet door zoveel mogelijk voor hen te doen. Dat leidde uiteindelijk nergens toe, hooguit tot irritatie. Want die ergernissen waren er zeker. Terwijl ik de A15 richting Rotterdam-Den Haag opdraaide, liet ik de afgelopen twee weken nog eens de revue passeren. Er was meer gebeurd dan ik me in de hectiek van de dagen tot me had laten doordringen. Misschien had ik het wel bewust niet willen zien.

Allereerst was er natuurlijk het euforische gevoel. Soms hoorde ik 's ochtends voordat mijn wekker afliep gestommel en gerommel op de overloop en de trap. Ik stond dan op en kwam amma tegen die, net terug van de wc en een snelle douche, zich voorbereidde op haar ochtendgebed. Hoe heerlijk was het om je moeder 's morgens vroeg een kus te kunnen geven, maar amma ging nooit mee naar beneden om thee te drinken met de meisjes en mij. Ze kroop terug in bed om uren later pas te voorschijn te komen. Gilmer, de kinderen en ik ontbeten met elkaar en ik dekte de tafel opnieuw zodat de familie meteen na ons hun gang kon gaan. De eerste twee à drie dagen gebeurde dat ook, maar toen ze doorhadden dat niet alle dagen waren volgepland, veranderde hun dagindeling. Altijd stonden ze vroeg op voor het eerste gebed. Was dat eenmaal achter de rug dan gingen ze verder slapen. Als de kinderen en ik geluncht hadden, kwamen zij naar beneden voor het ontbijt. Om vier uur gebruikten ze de lunch en als ik het avondeten op tafel zette, hadden zij nog geen honger. Aanvankelijk maakte het me niet zoveel uit. Ik vond het hooguit ongezellig. Na een paar dagen ging het me irriteren. De hele dag was de tafel gedekt en werd er eten gemaakt. Het hele huis stond in het teken van de maaltijd, maar die maaltijden werden niet gezamenlijk genuttigd. Ik wilde met zijn allen als één grote familie tafelen. Tussen de maaltijden door lag amma languit op de bank en de anderen hingen in stoelen. Ze ondernamen niets. Niemand liep mee naar school om de meisjes op te halen, niemand vroeg of ze de afwas, de was of de strijk konden doen. En wat het wasgoed betreft: dat was een berg! Pakistani reinigen zich bij voorkeur voor elk gebed. Bij mij wenden ze zich aan minstens twee keer per dag te douchen, maar liever vaker. Na een week heb ik Yasmin en amma uitgelegd waar de wasmachine en de droger stonden en hoe ons strijkijzer werkte. Ze waren verrast door al die techniek en begrepen het niet helemaal. Ik was heel tevreden dat ik hen een beetje in actie kreeg, maar groot was de teleurstelling toen ik de volgende keer merkte dat ze alleen hun eigen was hadden opgeruimd. De kleren van mij, Gilmer en de meisjes lagen nog in de droger.

Het bidden verliep volgens voorgeschreven rituelen en op vaste tijden. Ik was nog nooit zo druk geweest met de opkomst en het ondergaan van de zon. Voor het eerst was ik me bewust van de ligging van ons huis. Waar was het oosten, waar het westen. Het tijdstip van bidden hangt samen met de stand van de zon. De eerste dagen in Nederland baden ze een beetje op het gevoel, wat mij uitstekend leek. Toen ze eenmaal de moskee bezochten, kregen ze meer informatie. Daar werden flyers uitgedeeld waarop de exacte gebedstijden en de stand van zon, maan en sterren stonden aangegeven. In de moskee was trouwens heel veel informatie te halen, begreep ik al snel van Ali Nawaz. Zo wist hij na een week precies te vertellen hoe en wanneer ze voor een uitkering in aanmerking zouden komen. Die opmerking viel bij mij verkeerd. Gilmer en ik hadden van jongs af aan hard gewerkt om onszelf en later het hele gezin te kunnen onderhouden. Wij vonden het normaal om te werken voor geld en waren er trots op hoe we ons huis en vakanties bij elkaar hadden verdiend. Ik verwachtte dat Ali Nawaz, Yasmin en Fahad ook zo snel mogelijk een baan zouden zoeken. Dat kon niet zolang de vergunning ontbrak, maar volgens mij moest het wel het streven zijn werk te krijgen en niet het vinden van een instantie waar je het geld zomaar kon halen. Ali Nawaz dacht er anders over. Hij liet zich voorstaan op zijn academische titel en vond het belachelijk om bijvoorbeeld bollen te gaan pellen. Ik probeerde hem vriendelijk duidelijk te maken dat hij wel zou moeten zolang hij nog geen Nederlands sprak. 'Juist, daarvoor heb ik ook een uitkering nodig,' praatte hij zijn informanten na. 'Ik wil graag Nederlands leren en de inburgeringscursus doen, maar dan wel 's ochtends als ik fris en helder ben. Ik wil er veel van leren en na een dag werken kan ik mij moeilijk concentreren.' In feite waren ze nauwelijks bezig met hun toekomst want in de ogen van hun Pakistaanse familie en kennissen hadden ze het al gemaakt: zij woonden in het Westen, dus wat kon er nog misgaan? In de moskee kwamen ze er ook achter dat er een koranschool bestond en dat leek amma nou net iets voor Rachel en Melanie. 'Waarom gaan mijn kleinkinderen niet naar de koranschool?' vroeg ze mij minstens een keer per dag.

Het geloof, of beter hún geloof, de islam, stond centraal in onze discussies. Dat zij moslim waren, respecteerde ik. Ik hielp hen waar ik kon opdat zij hun godsdienst konden belijden. Regelmatig herinnerde ik hen eraan dat het tijd was voor het gebed. In Pakistan liet de muezzin weten dat er gebeden moest worden. Bovendien klonk het gebed via luidsprekers door de stad. In Nederland zou het moment zomaar aan je aandacht kunnen ontsnappen en dus dacht ik mee. Als ik 's avonds zei: 'Amma, wil je niet bidden?' was haar reactie steevast: 'Bid jij dan met mij mee?' Ik schudde mijn hoofd en antwoordde: 'Nee amma, ik bid niet, dat weet je toch. Ik geloof niet.' Amma's ogen werden fel en haar vinger prikte in mijn richting als ze me terechtwees: 'You are a Muslim girl.' Hoe meegaand ik in veel opzichten ook was, in dit geval week ik geen millimeter van mijn overtuiging af. 'No, no amma, I am not a Muslim girl. Ik weet helemaal niets van de islam en ben niet met welke godsdienst dan ook opgevoed.' Dat was olie op het vuur en telkens weer droeg amma dezelfde argumenten aan. 'Jouw vader is een moslim en jij bent uit mij geboren en dus ben je een moslimvrouw. Als de moeder moslima is, dan zijn haar kinderen dat vanzelf ook. De kinderen volgen de rituelen die hun vader en moeder voordoen.' Door het zo te formuleren gaf amma precies aan waarom ik in niets geloofde. Ik had nooit geleerd om waar dan ook in te geloven. Ik was zonder religie en rituelen grootgebracht. Gilmer was van huis uit rooms-katholiek maar deed weinig met het geloof. Mijn broer, zusje en zwager zijn moslim. Dat zei amma dan ook: 'Your brother and sister, they Muslim,' en ik, op mijn beurt, legde haar uit waarom het logisch was dat zij wel geloofden en haar geloof deelden. Amma heeft nooit geaccepteerd en doet dat nog niet dat ik mezelf als atheïst beschouw. 'Ik geloof in mijzelf, amma. Ik probeer de kracht om te leven en te overleven uit mijzelf te halen. Jarenlang had ik alleen mezelf.' Amma begreep het niet of wilde het niet begrijpen.

Lastig genoeg kent de islam veel leefregels waardoor het geloof meerdere malen per dag aan de orde kwam. Het feit dat ik met een niet-moslim met een donkerder huidskleur dan ik samenwoonde, was in haar ogen fout. Als Gilmer nu maar moslim zou willen worden en zich zou laten besnijden, was het ergste leed geleden. Op zo'n moment benadrukte ik weer dat ik niets met de islam te maken had en begon de discussie van voren af aan. Ook alcoholgebruik kwam ter sprake. Gilmer drinkt graag een biertje of een glaasje port en amma keurde dat af. 'Muslims do not drink,' zei ze terwijl ze met haar hoofd schudde en haar vingertje heen en weer liet gaan voor Gilmers gezicht. Wij wisten wel beter. Sommige moslimmannen doen al die dingen die de meeste westerse mannen ook doen. Gilmer probeerde Fahad en Yasmin in deze gesprekken te betrekken. Soms gaf mijn zwager antwoord, maar meestal liet hij niets horen.

Het zwijgen van Fahad en Yasmin en de vele stiltes in het algemeen vielen mij en ook Gilmer zwaar. Misschien waren ze verlegen, bescheiden en onwennig, maar op onze uitnodiging dingen van thuis te vertellen of over andere zaken van gedachten te wisselen, reageerden ze moeizaam. Zeker als Ali Nawaz erbij zat, en hij was er eigenlijk altijd bij. Het stoorde mij dat hij altijd het woord nam en dat zijn mening of besluit doorslaggevend was voor amma en Yasmin. Het deed er niet toe welk onderwerp we bespraken. Ook over de maillots voor amma of de hulp die ik van Yasmin vroeg, voerde hij het woord. Ik weet dat zij uit een mannenmaatschappij komen, maar dat ze zich ook binnenshuis zo onderdanig opstelden, verbaasde mij. Gesprekken met ons kwamen moeilijk op gang. Onderling spraken ze wel, maar ik verstond hun taal niet. Ik voelde me buitengesloten als zij met zijn vieren Sindhi spraken en ik vond het onuitstaanbaar als ze niet de moeite namen mij in hun gesprek te betrekken of iets te vertalen. Gilmer en ik bleven ons best doen Yasmin en Fahad erbij te betrekken, maar meestal liep dat op niets uit. Ze zwegen. Soms was groeten al te veel gevraagd. Meer dan eens kwamen ze de woonkamer binnen, zeiden niets tegen ons en groetten vervolgens wel onze parkiet. Als ik nadrukkelijk 'Salaam amma, salaam Yasmin' zei, volgde er soms een begroeting. Die gewoonte heb ik nooit kunnen plaatsen. Pakistani zijn onderling minder close dan bijvoorbeeld Nederlanders of Zuid-Europeanen. Wij zijn gewend elkaar gedag te zeggen voor het slapengaan, voor het weggaan en als we thuiskomen. Dat doen Pakistani sowieso niet. Sommigen geven elkaar een hand, maar de meesten groeten elkaar alleen met een 'salaam'. De eerste keer dat ze een voor een naar bed gingen zonder welterusten te zeggen vroeg ik mij af wat er was misgegaan. Had ik iets fout gezegd? Later bleek er geen enkele reden voor te zijn, het was een gewoonte. Het gebrek aan communicatie en het ontbreken van gezellige praatjes ervoer ik als een gemis. Ik had verwacht dat die eerste twee weken gevuld zouden zijn met het uitwisselen van verhalen uit verleden en heden zodat we een poging konden doen de verloren tijd in te halen. Ik wilde alles van mijn moeder weten, van onbenulligheden tot de grote gebeurtenissen in haar leven. Wat haar lievelingskleur was en haar favoriete eten, hoe ze het verdriet om ons te missen had verwerkt en alles over haarzelf. Ik wilde haar gebruiken leren kennen, maar bovenal hoopte ik dat zij ook al die dingen van en over mij wilde weten. Ik wilde haar vertellen hoe ik als klein meisje was, van welke kleren ik hield, hoe mijn kinderjaren waren verlopen, wat voor kattenkwaad ik uithaalde en hoe bang ik was alleen in mijn bed. Ik wilde mijn leven met haar delen. Achteraf vergelijk ik het weleens met verliefd zijn. Als je net tot over je oren verliefd bent, vraag je je bij alles af wat je geliefde van iets vindt. Zou hij ook van aardbeienijs houden, van lang douchen, van spannende films, van... Al die dingen vroeg ik me voortdurend af over mijn moeder en in mijn hoofd vertelde ik haar wat ik het liefste deed en het mooiste vond. Maar zij vroeg er nauwelijks naar. En zolang zij in een totaal ander ritme dan wij leefde en het grootste deel van de dag onder een plaid op de bank doorbracht, werd ik nauwelijks iets wijzer. Dit was niet de moeder op wie ik jarenlang had gewacht. Zonder het ooit geformuleerd te hebben verlangde ik naar een moeder die mij respecteerde, mij met mijn gewoonten zou accepteren en die me zou helpen met de dagelijkse dingen in het leven. Behalve een moeder voor mijzelf hoopte ik ook op een lieve oma voor de meisjes. Een oma die knuffelde, spelletjes deed, luisterde en vertelde. Een oma met wie ze een warme band zouden hebben. Rachel en Melanie deden hun best hun warmte te laten voelen door naast hun oma te gaan zitten, vriendelijk te lachen, haar hand te aaien, maar mijn moeder reageerde er nauwelijks op. Ik vroeg me af hoe Zahida het contact zou ervaren.

Ik draaide mijn auto de straat in en parkeerde de auto pal voor ons huis. Even schoot het beeld van de afgelopen weken door me heen dat, zodra ik de deur opende, de geur van wierook en curry en woorden in een onverstaanbare taal tot me zouden doordringen. Opeens wist ik dat ons huis nu weer Hollands zou zijn en een poosje voor onszelf was. Ik betrapte mezelf erop dat ik opgelucht ademhaalde.

Wij genoten van de rust in huis, maar ik miste amma wel meteen. Het verlangen naar een moeder zat ongekend diep bij mij. Na een paar dagen belde ik Zahida. 'Hoe gaat het met amma?' vroeg ik haar. 'Goed,' antwoordde Zahida, 'maar ze doen helemaal niets. Echt, ze steken geen vinger uit en daar word ik knettergek van. Ik heb amma gezegd dat Yasmin en Ali Nawaz niet mijn kinderen zijn. Zij mogen voor zichzelf zorgen. En daar was ze erg boos om. Hoe deed jij dat?' Ik schoot in de lach, vooral van opluchting. Het lag dus niet alleen aan mij. Zahida ging verder: 'We moeten er ook aan wennen om met zijn zevenen het huis te delen. Het is vol en dan dat bidden elke keer en overal...' Zahida liep tegen dezelfde ongemakken aan als ik: natte wc's, losse wc-bril, een badkamer die voortdurend wordt gebruikt en stapels handdoeken. 'Over dat douchen hebben we nog een aanvaring gehad,' vertelde Zahida. Haar zoon had last van jeugdpuistjes. Amma dacht dat hij 'uitslag' had omdat hij zich niet vaak genoeg douchte. Het kostte Zahida moeite uit te leggen dat die puistjes alles te maken hadden met zijn leeftijd en niets met zijn wasgedrag. 'Amma vindt ons allemaal eigenlijk onrein. We ruiken anders, vindt ze. Ze vertelde ook dat jij ongewassen aan het ontbijt verscheen.' 'Nou ja,' zei ik geïrriteerd, 'ik ga in het weekend in mijn pyjama naar beneden om een kopje thee te drinken. Daarna komt het douchen pas. Zei ze daar iets van...?' 'Ja, en ze bracht dat ook in relatie met wat jij 's nachts met Gilmer zou hebben gedaan.' Ik schoot weer in de lach. 'Zolang zij in huis waren en de meisjes naast ons bed sliepen, gebeurde er niet zoveel, hoor.' 'Ach, trek het je niet aan,' zei mijn oudere zus, 'ze zitten heel erg vast aan hun eigen gewoonten en alles wat wij doen is vreemd en alleen daarom al niet goed.' Ik murmelde een ja, maar voelde me toch gekwetst. Het stak me dat ze mij onfris vond en dat ik zou stinken, maar nog meer stak het me dat niet alleen amma maar de hele familie zich zo vastklampte aan alles wat hen vertrouwd was. Hun gewoonten waren goed en al het andere was verkeerd. 'Zouden ze wel kunnen wennen?' vroeg ik Gilmer. 'Ze mogen natuurlijk zichzelf blijven, maar zouden ze ook de intentie en het vermogen hebben zich aan te passen?' Gilmer keek me onderzoekend aan en pakte mijn hand. 'Ik weet het niet, Hameeda. Natuurlijk is alles hier anders, maar ook hun houding is veranderd. Naar mijn idee staan ze minder open voor de Hollandse of westerse gebruiken dan in 1997 tijdens hun vakantie. Toen ik ze twee weken geleden op Schiphol zag, dacht ik...' Gilmer haperde. Ik zei: 'Nou, wat dacht je toen?' 'Ik weet niet of ik dat kan zeggen.' 'Zeg nou maar,' drong ik ongeduldig aan. 'Toen ik ze op Schiphol zag, hadden ze een andere, een – sorry dat ik me zo uitdruk – arrogantere houding. Een houding die leek te zeggen: hier zijn we. Wij weten en kunnen niets in dit land. Jij zorgt maar voor ons.' Tranen sprongen in mijn ogen. Ik had de behoefte hem tegen te spreken, maar ook ik had wel door dat ze niet van plan waren alles op alles te zetten om aan een nieuwe toekomst te werken. Ik, Gilmer, mijn zusjes: wij zouden de basis leggen voor hun nieuwe leven, maar zelf zouden ze voor de invulling ervan moeten zorgen.

Een eigen bestaan

Het was heerlijk om even met zijn vieren te zijn. Gilmer, de meisjes en ik hadden de kamers weer zoveel mogelijk in de oude staat teruggebracht. Voor het eerst sinds twee weken had ik een goede nachtrust. Geen vreemde geluiden in ons huis en onze slaapkamer en vooral niet het gevoel dat ik alles in de gaten moest houden. Dat hoefde natuurlijk ook helemaal niet, maar die houding zat nu eenmaal in me. Als ik 's nachts iemand de trap hoorde aflopen om naar de wc te gaan, lag ik wakker. Ik was bang dat amma de weg niet zou kunnen vinden in het donker, een treetje zou missen en zou vallen. Die vrijdagnacht nadat ik de familie bij Zahida had gebracht, sliep ik rustig. Het weekend deden we leuke dingen met zijn vieren. Gilmer en ik spraken met Rachel en Melanie over de afgelopen periode en ik merkte dat de meisjes hun best deden om voor mij zo positief mogelijk te blijven, de schatten. Tegelijkertijd wist ik dat ze mij en hun gewone thuis hadden gemist. Ik nam me voor tijdens deze week vakantie al mijn aandacht aan hen te geven. Volgende week zou ik weer aan de slag gaan om de vergunningen binnen te halen en woonruimte te regelen. Zodra mijn familie een eigen huis had, was er een basis om aan een eigen bestaan te gaan werken.

Drie weken nadat we bij de vreemdelingenpolitie waren geweest, had ik nog geen bericht over de stand van zaken. Toen ik belde en eindelijk contact had, werd me verteld dat er een achterstand van drie maanden moest worden weggewerkt. 'Uw vergunningen zullen nog wel even op zich laten wachten, mevrouw Lakho,' sprak de dame opgeruimd. Geen verblijfsvisa betekende geen huurhuis, geen verzekering via het ziekenfonds, geen inburgeringscursus en geen werkvergunning. Ik werd er gek van. 'Er zijn zaken die we zelf kunnen oplossen,' reageerde Gilmer. 'Wat dan?' vroeg ik wanhopig. Vooral de financiële zorg om amma's gezondheid drukte zwaar op me. Opname in een ziekenhuis is tenslotte onbetaalbaar in Nederland. 'We kopen een appartement zodat ze in elk geval zelfstandig kunnen wonen. Dat huis raken we heus wel weer kwijt. Door te wachten en je familie van hot naar her te slepen, gaat er meer kapot dan je nu kunt overzien.' Ik begreep wat hij bedoelde. We waren inmiddels al enkele maanden aan het zoeken naar een huur- of betaalbaar koophuis, maar nu moest het dan gaan lukken. Gilmer schakelde alles en iedereen in om een huis te vinden, maar de relatief goedkope, courante woningen lagen niet voor het oprapen.

Ik bleef bellen naar de vreemdelingenpolitie. Ik was niet van plan om een half jaar op visa te wachten. Bovendien werd de situatie er alleen maar moeilijker op. Amma en de anderen waren na tien dagen van Zahida naar Ayesha in Leiden verhuisd. Het feit dat ze weer dichterbij waren, voelde beter. Ik vond het jammer dat ze niet de moeite hadden genomen mij over hun verhuizing naar Leiden in te lichten, maar ze waren weer in de buurt. Ik wipte regelmatig langs en zij kwamen bij ons op bezoek. Ik reed hen naar de moskee, we oefenden met fietsen en we aten een paar keer per week met elkaar. Tijdens onze ontmoetingen bracht ik van alles ter sprake. Ik wees de weg naar uitzendbureaus, legde de werking van de computer en de Gouden Gids uit, bood aan te helpen met het schrijven van sollicitatiebrieven en keek samen met hen naar de vacatures in kranten. Gilmer stelde voor tuinders te vragen of er werk voor Ali Nawaz, Yasmin en Fahad was. Maar in hun houding iets te ondernemen wijzigde weinig. Bij Ayesha hadden ze het goed naar hun zin. Mijn zus vertrok 's ochtends vroeg, kwam pas 's avonds weer thuis en logeerde in het weekend regelmatig bij haar vriend in Groningen. Mijn familie had daar het huis voor zichzelf. Daardoor stelde Ayesha ongetwijfeld minder eisen. Wat dat betreft ging het er bij Zahida en mij heel anders aan toe. Wij konden onze mond niet houden, ook al leidde dat vaak tot spanningen. Misschien speelde Ayesha's universitaire opleiding ook wel een rol. Een hoge opleiding, vooral die van je kinderen, betekent status en status is enorm belangrijk voor veel Pakistani. Bovendien schrijft de koran voor dat er kennis moet worden vergaard. Zahida en ik werden er regelmatig op aangesproken dat we geen universitaire titel hadden en daardoor hadden wij duidelijk minder aanzien in de ogen van onze broer, zus en amma. Toch wilde ik heel graag dat amma weer bij ons zou logeren. Ik verwachtte nog steeds dat ik door samen te zijn een mooie moeder-dochterrelatie kon opbouwen. Mijn dochters verlangden naar hun oma over wie ik zoveel had verteld. Keer op keer vroegen vooral Rachel en ik wanneer amma weer naar Rijswijk zou komen. Haar antwoord luidde steevast: 'Vraag maar aan Ali Nawaz.' Als ik het dan aan hem vroeg, zei hij weer dat ik daarvoor bij amma moest zijn, en zo ging dat dagen door. Ongelukkiger kon ze me bijna niet maken, vooral omdat ze met dat nietszeggende, liefdeloze antwoord niet alleen mij maar ook mijn dochter met een kluitje in het riet stuurde. Ze waren nu nog bij Ayesha maar binnenkort zou ik weer aan de beurt zijn. Ik stelde voor de familie twee aan twee onder te brengen: Yasmin en Fahad bij elkaar en amma en Ali Nawaz. Amma was ertegen, maar ik kon haar met moeite overtuigen door uit te leggen dat we dan allemaal net iets meer ruimte hadden. Begrijpen deed ze het niet, maar accepteren wel. Herhaaldelijk zei ze: 'In Pakistan wonen we met veel meer mensen bij elkaar als dat moet.' Ayesha hulde zich aanvankelijk in stilzwijgen, maar zei uiteindelijk: 'O, maar bij mij zijn jullie altijd met z'n vieren welkom, hoor.' De irritaties tussen ons waren al aardig opgelopen door alle drukte, en woedend viel ik tegen haar uit: 'Wij hadden toch een afspraak! Waarom trek jij opeens alles naar je toe? Ik wil ook graag dat mijn familie bij mij logeert, maar met z'n vieren is het gewoon te druk. En nu heb ik het opeens gedaan!' Amma bleef maar herhalen dat ze haar kinderen tijdens de ramadan bij zich wilde hebben. Hoewel zo'n opmerking niet vervelend bedoeld was, krenkte hij me diep. Met haar kinderen bedoelde ze Ali Nawaz, Yasmin en Fahad. Die had ze dus nodig, dacht ik, en ons niet. Een koude rilling liep over mijn rug. Op dat moment durfde ik voor het eerst de waarheid onder ogen te zien: ik zou nooit de moeder vinden die ik al zo lang zocht. Ik voelde me down, verdrietig en in zekere zin miskend, maar ik was niet van plan het zomaar op te geven. De splitsing ging door: Yasmin en Fahad kwamen naar Rijswijk, Amma en Ali Nawaz bleven bij Ayesha.

Toen de ramadan begon, had ik op de eerste dag een feestelijke maaltijd met allerlei gerechten bereid. Ik merkte dat amma trots op me was. 'Good, good,' zei ze bij het zien van de rijkgevulde tafel. Het was een vrolijke avond zonder één onvertogen woord. Eindelijk leken we weer blij met elkaars gezelschap. Via de moskee hadden ze een lijst gekregen met speciale gebedsdiensten en de exacte tijdstippen waarop er tijdens de ramadan gebeden moest worden en wanneer ze wel en niet mochten eten.

Amma liet nu regelmatig weten dat het haar zwaar viel de ramadan niet met zijn vieren te kunnen delen. Zij beschuldigde mij ervan dat ik hen uit elkaar had gehaald. Ik begreep best wat ze bedoelde, maar de tijdelijke scheiding was beter voor iedereen. De meisjes en ook wij sliepen veel rustiger. Ik verlangde er natuurlijk wel naar dat amma naar Rijswijk zou komen. Yasmin en Fahad zeiden geen woord en lagen halve dagen op bed. Nu amma er niet bij was, leefden zij helemaal langs ons heen. Mijn zusje had nauwelijks aandacht voor mijn kinderen. Ik had verwacht dat ze zich over onze kinderen zou ontfermen omdat ze in Pakistan in het onderwijs zat maar bovenal omdat ze zelf zo vurig naar een baby verlangde.

Tijdens de ramadan stond alles in het teken van het gebed. Als amma en Ali Nawaz een dagje bij ons waren, had ik het gevoel over de biddende mensen te struikelen. Overal lagen de gebedskleedjes en de dag draaide om hun rituelen. Wat waren ze anders dan wij. Nog steeds was ik blij dat mijn familie nu hier woonde, maar ik besefte wel steeds meer hoe goed het zou zijn als zij een eigen leven in een eigen huis konden leiden.

Half november had ik voor het laatst met de vreemdelingenpolitie gebeld. Er zat geen schot in de zaak. Ik besloot een brief aan de staatssecretaris te schrijven. Tenslotte had zij de overkomst van mijn familie mogelijk gemaakt en nu moest die immigratie ook afgerond kunnen worden. Van alle onzekerheden werd iedereen zenuwachtig. Op 21 november 2001 stuurde ik mijn brief waarin ik de staatssecretaris uitlegde hoe blij ik was geweest met de vergunningen die zij ons na vier jaar vechten had toegekend en hoe teleurgesteld ik me nu voelde door de beperkingen die op de vergunning rusten en de traagheid waarmee de vreemdelingenpolitie werkte. In mijn brief legde ik kort en krachtig uit dat door het opleggen van de beperkingen we genoodzaakt waren met veel mensen in een te klein huis te wonen, mijn familie geen recht had op een ziektekostenverzekering, geen inburgeringscursus kon volgen en niet aan het werk mocht. Een verblijfsvergunning en een sofi-nummer waren nodig om wat dan ook te beginnen. Ik gaf aan dat ze zich volgens de regels binnen drie dagen na aankomst in Nederland bij de vreemdelingenpolitie hadden gemeld en dat binnen de aangegeven tijd aan de gewenste formaliteiten was voldaan. De instantie had ons toegezegd binnen twee weken te reageren en nu, bijna twee maanden later, wisten we nog steeds niets. Ik kon het niet laten om aan te geven dat de onderlinge verhoudingen er onder deze omstandigheden niet beter op werden.

Tijdens de ramadan waren de onderlinge spanningen zelfs zo hoog opgelopen dat ik Yasmin en Fahad terug had gebracht naar Ayesha. Amma bleef me maar verwijten dat ik hen vieren uit elkaar had gehaald en toen ik ook nog een woordenwisseling kreeg met Ayesha en Ali Nawaz was voor mij de maat vol. Ik kon er gewoon niet meer tegen. We hebben toen dagen helemaal geen contact meer gehad, maar uiteindelijk hebben we toch lange gesprekken met elkaar gevoerd. Amma en Ali Nawaz zijn ten slotte toch nog twee weken bij mij komen logeren voordat zij verhuisden naar een eigen huis, maar voor mijn gevoel was er toch iets veranderd, van oprechte blijdschap was niet echt meer sprake.

Intussen hadden Gilmer en ik een serieus bod op een huis in het Valkenboskwartier in Rijswijk gedaan. Toen ik er met de familie langsreed, werd er geen woord gezegd. Ik vreesde voor hun reactie. Eén keer eerder hadden we hun een huis in de Schilderswijk in Den Haag laten zien, maar dat hadden ze afgewezen. 'Indians, Turks, no good,' had Yasmin met haar mondhoeken naar beneden gezegd. Mijn ogen rolden uit mijn hoofd. 'Wat bedoelt ze?' vroeg ik mijn broer. Hij legde uit dat ze niet van plan waren tussen Turken, Marokkanen en mensen uit India te gaan wonen. Mijn hart brak bij het horen van zo'n opmerking. 'We hebben het over mensen die hier in Nederland leven. Landgenoten zijn het, zoals jullie dat ook hopen te worden.' Terwijl ik sprak, werd ik steeds feller. Waar haalden ze het lef vandaan zich zo arrogant te gedragen? 'Wees blij dat jullie binnenkort een huis hebben.' Maar dat huis werd het niet. Deze parterre in het Valkenboskwartier moest wat mij betreft zeker aan hun wensen kunnen voldoen. Ze keken, knikten, maar zeiden niets. Het leek soms alsof ze eerst onderling wilden overleggen voordat ze met afzonderlijke reacties op de proppen kwamen. Altijd klonk er één mening die door Ali Nawaz werd verwoord. Toen ik amma en Ali Nawaz naar Leiden reed, vroeg ik ze er goed over na te denken. De volgende dag kwamen de vragen. 'Hoeveel verdiepingen heeft de woning?' vroeg Ali Nawaz. 'Het is een parterrewoning van één benedenverdieping met een tuin, een grote woonkamer en drie slaapkamers. Jullie zullen voldoende privacy hebben en natuurlijk blijven we ons best doen voor een huurwoning.' Achteraf bleek dat de familie op zijn minst een eengezinswoning met een aantal verdiepingen had verwacht. Weer viel het me op dat ze geen idee hadden wat alles in Nederland kostte en dat je geld moest verdienen om een en ander te kunnen aanschaffen. Ik legde dat keer op keer uit, maar ik las in hun ogen dat ze mij als een soort geldschieter zagen. En zo was het ook. Nog wel, maar daar zou werkelijk verandering in komen.

Het huis werd gekocht en we gingen aan de slag. Tegelijkertijd had Ayesha voor hen een huurwoning aangeboden gekregen die ze met elkaar hadden bezichtigd. Vooralsnog hadden ze geen keuze gemaakt. Ik wist daar niets van. Toen Yasmin me erover vertelde, knapte er iets in me. De bezichtiging van het huurhuis en de keuze om voor de ene of andere woning te kiezen was buiten mij om gebeurd en had plaatsgevonden op het moment dat ik stond te poetsen in een huis dat door ons was gekocht. 'Ben je van plan daar te gaan wonen?' vroeg ik vermoeid. 'Ali Nawaz beslist,' antwoordde Yasmin met een gebaar dat zij er niets aan kon doen. O, dacht ik, en ging met bezwaard gemoed verder. We hoefden niet veel aan het huis op te knappen, maar het moest helemaal worden ingericht. Ik reed van de ene bouwmarkt naar de andere, via warenhuizen naar tweedehandszaken. Bedden, kasten, linnengoed, fornuis, koelkast, wasmachine, potten, pannen, servies, een televisie, radio, telefoon… Alles moest worden aangeschaft. Ondertussen vroeg ik me af wat er nu eigenlijk stond te gebeuren. Toen ik dagenlang niets meer hoorde over hun huurhuis, vroeg ik er zelf maar naar. Zonder overleg met de anderen antwoordde Ali Nawaz dat het toch het koophuis zou worden. Ik wees hem erop dat het kopen van een huis niet zomaar iets is, maar veel verantwoordelijkheden met zich meebrengt.

Van vriendinnen kreeg ik drie tweedehands fietsen en, op amma na, kon iedereen daar nu mee overweg. Het woord tweedehands moest ik overigens niet te vaak laten vallen, want mijn familie gaf de voorkeur aan nieuw. Ali Nawaz inspecteerde de fietsen. Een totaal onverwachte kant openbaarde zich. In plaats van blij te zijn met alles wat Gilmer en ik voor hen kochten en regelden, ontstond de kritiek. 'Dat zeil in de keuken, blijft dat?' vroeg Ali Nawaz toen ik met mijn handen vol keukenaccessoires binnenkwam. 'Hoe bedoel je?' vroeg ik. 'Tegels zijn mooier en beter. En amma wil ook liever lamellen dan vitrage. Het is allemaal niet naar haar zin.' Ik legde mijn broer en de anderen uit dat dit ten eerste een tijdelijk onderkomen was en ten tweede dat je moest werken en sparen om al die dingen te kunnen kopen. 'You have money,' zei amma. 'Nee, amma, ik hád geld en daarmee heb ik dit huis voor jullie ingericht. De tijd breekt aan dat Ali Nawaz, Yasmin en Fahad zelf de kost gaan verdienen.' Er was nog wat geld over van de inkomsten van *Verborgen tralies*. Dat geld had ik voor mijn familie gereserveerd. Daarvan konden ze hun vaste lasten betalen en voorlopig in hun dagelijks onderhoud voorzien. Er zou ooit een eind komen aan dat potje en voordat het leeg was, leek het mij handig als ze zelf voor hun inkomen zouden zorgen. Ali Nawaz haalde zijn schouders op. Het fenomeen werken was nog niet helemaal tot hem doorgedrongen. Ik werd hypergevoelig voor hun hang naar materiële zaken. 'Wanneer kan Ali Nawaz met rijlessen beginnen? Welke nieuwe computer zullen we nemen? Heb je een digitale telefoon in plaats van deze met draaischijf?' Zelfs de Giant-cola moest worden vervangen door Coca-Cola. Ik werd er moedeloos van en hoopte zo dat alles beter zou worden als de vergunningen rond waren en ze een betaalde baan of een uitkering zouden krijgen zodat ze hun eigen boontjes konden doppen. Het benauwde me dat alles op mijn naam stond: huis, hypotheek, telefoon, energie... Zo snel mogelijk moest dat in hun eigen handen en onder hun eigen verantwoordelijkheid komen. Half december trokken ze in hun woning en daarmee leek in elk geval één probleem opgelost. Inmiddels waren er wel andere kopzorgen bijgekomen want het werd me steeds duidelijker dat de afstand tussen mij en mijn familie groter was dan ooit tevoren.

Voorzichtig liet ik steeds vaker de gedachte toe dat ik de familiehereniging had geïdealiseerd en geromantiseerd. In mijn hoofd leek het allemaal zo mooi, maar de realiteit was anders. Mijn moeder zei dat ze van al haar kinderen evenveel hield, maar in de praktijk pakte dat anders uit. Yasmin en Ali Nawaz had ze opgevoed en met hen had ze haar leven gedeeld. Zij kenden elkaar door en door, konden omgaan met elkaars schaduwkanten en vonden rust en vertrouwen bij elkaar. Wij wilden de draad op datzelfde niveau oppikken maar vergaten dat gat van vierendertig jaar. Ik verlangde soms naar mijn leventje van voor hun komst. Ik wilde al mijn aandacht aan Gilmer en de kinderen geven. Ik voelde me gevangen in mijn drang zowel voor mijn eigen man en kinderen als voor amma en haar gezin te zorgen. Bij Zahida vond ik steun en een klankbord om ervaringen en gevoelens te delen. De spanningen tussen Ayesha en mij escaleerden en we verbraken ons contact. Als amma's medicijnen op waren, stuurde Ayesha amma naar mij. Ik ging dan naar de apotheek, regelde voor veel geld pillen en poeders en was er dan trots op dat het probleem 's avonds was opgelost. Ik handel graag snel, zo zit ik nu eenmaal in elkaar maar het stak me dat Ayesha naar mijn gevoel desondanks de meeste liefde van amma ontving. Zij zat kennelijk meer op één lijn met onze familie. Ik was te direct en eiste het een en ander van mijn broer, zus en zwager. Van amma vroeg ik 'alleen maar' liefde, maar van de anderen verwachtte ik meer inzet en medewerking. Vooral Ali Nawaz met zijn arrogante houding kon op mijn zenuwen werken. Hij gedroeg zich als opperhoofd en durfde zich zelfs in een ruzie tussen Ayesha en mij te mengen. Ik zou mijn stem niet tegen een oudere zus mogen verheffen, volgens mijn jongere broertje. Nou, daar zat ik dus net niet op te wachten.

Door alle onderlinge spanningen kwamen we niet met zijn allen bij elkaar om het einde van de ramadan te vieren. Ayesha had amma, Ali, Yasmin en Fahad bij haar uitgenodigd om Eid-al-Fitr, het eind van de vastenmaand, te vieren. Tijdens dit suikerfeest wordt er volop gegeten en gesnoept. Het viel niet mee om dit feest volgens de Pakistaanse tradities voor te bereiden. In Pakistan worden Eid-al-Fitr en Eid-al-Adha juist wel met de hele familie gevierd. Op het platteland is het een feest voor en met het hele dorp. Tijdens Eid-al-Adha, het offerfeest, wordt een dier geslacht en aan Allah geofferd. In Tandho, waar amma bijna haar hele leven heeft gewoond, wordt zo'n beest ritueel geslacht en vervolgens door het dorp gesleurd. Overal zie je de bloedsporen in de straten. Het hele dorp bidt, zingt, danst en viert feest. Het feestje dat ze in Nederland vierden, was aanzienlijk ingetogener. Ik kon me voorstellen dat ze heimwee voelden naar alles wat hen vertrouwd was.

Terwijl wij afzonderlijk zo goed mogelijk op hun rituelen probeerden in te spelen, liet ik hen ook kennismaken met onze decemberfeesten. Ik vroeg aandacht voor onze manier van Kerstmis vieren. Ze keken toe hoe Gilmer, Rachel, Melanie en ik de boom versierden. Vooral het gehannes met de piek leidde tot lachbuien. Niet alleen Gilmers gewiebel op de keukentrap, maar vooral het woord. Als een van ons piek zei, keken amma en Yasmin elkaar geschrokken aan en begonnen vervolgens te giechelen. Piek, of een woord dat ongeveer zo klinkt, betekent in het Sindhi geslachtsorgaan, legde amma uit. De kerstdecoraties vonden ze gezellig, maar Kerstmis zelf werd afgekeurd. 'No Muslim, no Islam, no good,' zei amma. Ik legde haar maar weer eens uit dat er meer religies bestaan, dat ik zelf niet gelovig ben en kerst beschouw als een internationaal feest. Een tijd van lichtjes, van vrede, van veel cadeautjes, van familiehereniging, versieringen, een mooie boom en gezellig samenzijn. We gingen naar Den Haag en bekeken de etalages en de versierde stad. Ze vonden het prachtig. Mijn huis was helemaal in kerstsfeer maar ikzelf niet. Ik had zo gehoopt het echte, diepe familiekerstgevoel voor het eerst in mijn leven te mogen ervaren. Niet dus. Ayesha en ik hadden ruzie en Zahida woonde ver weg. Amma, Ali Nawaz, Yasmin en Fahad waren eerste kerstdag bij mij, tweede kerstdag bij Zahida en oudjaarsavond zouden zij bij Ayesha vieren. Ik had een vriendin met haar man en kinderen uitgenodigd om de sfeer ontspannen te houden. In plaats van kerstmuziek klonk er salsa in de woonkamer. Alles was anders dan ik me had voorgesteld, maar nu leek dit de enige oplossing.

De onderlinge relaties werden alleen maar slechter en de irritaties tussen ons als zussen stapelden zich op. Over alles kon onenigheid ontstaan: het halen en brengen, het ruilen van de logés of het onderhouden van telefonisch contact met amma. Nooit werd er eens interesse getoond in hoe het met ons ging. In die maanden kon ik mijn verhaal eigenlijk alleen bij Zahida kwijt. Zij deelde mijn gevoelens en de ervaring met Ayesha en Ali Nawaz. Zahida maakte hetzelfde mee met de familie. Niets was goed genoeg. Zahida had ondergoed en dure winterjassen voor hen gekocht en nog had amma van alles op haar aan te merken. Zo ging dat ook bij mij. Hoe meer je deed, hoe moeizamer de omgang werd. Achter onze ruggen werd er geroddeld. Toen amma weigerde in haar eentje, zonder Ali Nawaz of Yasmin, een paar nachten bij Zahida te logeren en dit vervolgens wel bij Ayesha deed, was voor Zahida de maat vol. 'Ze zoeken het maar uit,' zei ze met een brok in haar keel. Ook zij had het anders gewild. Ik was inmiddels helemaal op van alle emoties, teleurstellingen, en van de ongewenste en onverwachte confrontaties met mijn innerlijk. Nachten lag ik wakker en dan maalde alles door mijn hoofd. Ik bleef hunkeren naar die moeder, naar die liefde, naar een goede band met mijn broer en zussen, maar ik vocht voor iets wat er niet was. Het kostte tijd om voor mezelf toe te geven dat het er ook nooit zou komen. De basis was er niet en de bereidwilligheid om er een op te bouwen ontbrak. Ik wilde me niet langer zo laten mangelen door mijn eigen gevoelens. Ik liet me opjagen en opfokken en het werd de hoogste tijd om daar een einde aan te maken. Hoewel ik er vreselijk tegenop zag, besloot ik mijn familie te laten weten dat ik mijn twijfels had over deze hereniging. 'En wat wil dat zeggen?' deed Ali Nawaz uit de hoogte. 'Dat houdt in dat jullie je moeten afvragen wat de reden is voor jullie komst naar Nederland. Als de motieven anders zijn dan ik altijd heb gedacht, trek ik me terug als garantsteller.' 'So?' zei Ali Nawaz. 'Je zult dan een andere garantsteller moeten vinden. Als je de naam en inkomsten van die persoon niet kunt overleggen, krijg je geen vergunning en word je geacht terug te keren naar je land van herkomst.' 'Ha ha,' lachte Ali Nawaz geforceerd. 'Wij gaan niet terug. Wij gaan nooit meer terug naar Pakistan. Wij blijven hier! Wij zijn hier zelf naartoe gekomen. Dit is onze beslissing geweest. Wij hebben afscheid genomen om hier een nieuwe, betere toekomst te krijgen.' Opeens werd ik heel rustig. Ik keek hem recht in zijn ogen en zei: 'Die kans op een betere toekomst ligt er ook. Je maakt alleen één vergissing: die toekomst kríjg je niet, die zul je moeten verdienen.'

2002 begon goed. Net na nieuwjaar ontving amma – uiteraard op mijn adres – een uitnodiging van de vreemdelingenpolitie om op 28 januari met Yasmin, Ali Nawaz en Fahad te verschijnen. De garantsteller/referent was verplicht mee te komen. Voor die tijd moest er 226,88 euro leges worden betaald voor het in behandeling nemen van de aanvraag. Bovendien waren ze verplicht over een tbc-verklaring te beschikken. Hè hè, dacht ik, er gaat iets gebeuren. Die beperkingen zaten mij dwars. Ik wilde af van de verantwoordelijkheid voor mijn familie. Bij alle instanties stond ik als referente vermeld en overal gold mijn adres als hun officiële verblijfplaats. De rekeningen liet ik rechtstreeks naar hun huis sturen, maar Ali Nawaz stuurde de nota's vervolgens weer door naar mij. Ik belde hem om te laten weten dat dit toch niet de bedoeling was. Ik legde uit dat hij die rekeningen kon betalen met het geld dat ik hem had gegeven. Bovendien verwachtte ik dat hij ook de hypotheeklasten zou overnemen zodra zij een baan hadden gevonden. Die opmerking zinde hem helemaal niet. Hij beschouwde de woning in het Valkenboskwartier als zijn huis, sprak zelfs over de opbrengsten in geval van verkoop, maar begreep niet dat zo'n huis ook geld kóstte. Hij beschuldigde mij er zelfs van dat ik misbruik maakte van de familie. Volgens hem rekende ik een veel te hoge huur, terwijl dit bedrag gelijkstond aan de hypotheeklasten die ik moest betalen. Ik werd helemaal dol van zijn gedrag. Er bleef steeds minder over van mijn wens met mijn familie herenigd te zijn. Dat stemde me diep verdrietig, maar maakte me ook opstandig. Ik wilde ze duidelijk maken hoe er hier met elkaar werd omgegaan.

Ik besloot de vreemdelingenpolitie te bellen en open kaart te spelen. Ik informeerde hoe groot de kans was dat de beperkingen op 28 januari opgeheven zouden zijn. Ze konden mij nog niets garanderen. Ik vertelde dat ik het helemaal niet meer zag zitten en dat ik nachtmerries had over de kosten die boven mijn hoofd hingen als mijn moeder in het ziekenhuis terecht zou komen. Ook gaf ik aan dat de familiehereniging een illusie bleek te zijn. 'Mijn moeder is helemaal niet voor een hereniging gekomen. Ze is hier uitsluitend en alleen om haar Pakistaanse kinderen een betere toekomst te geven.' Tot mijn eigen verbazing durfde ik dat wat al weken in mijn hoofd huisde, nu ook hardop te zeggen. De vreemdelingenpolitie verzocht mij toch de familie te vergezellen op 28 januari. Ik beloofde te komen op voorwaarde dat ik ook alleen zou worden gehoord over hun situatie en die van mij als referente en garantsteller. Dezelfde dag schreef ik een brief aan de vreemdelingenpolitie waarin ik te kennen gaf dat in geval van verlening van vergunningen met beperkingen ik me zou terugtrekken als garantsteller. In die eerste weken van januari ontving ik ook een brief van de advocaat over de rechtszaak tegen mijn vader en zijn vrouw. De getuigenzitting, die overigens al maanden op zich liet wachten, was uitgesteld omdat mijn vader een hartaanval had gehad. Ik liet het alleen Zahida weten. Die rechtszaak moest een keer tot een uitspraak komen, maar sinds ik zelf gehoord was en de rechter mijn vaders misdaden had erkend, was voor mij de druk van die ketel.

De maand januari had ik alleen het hoognodige contact met mijn familie. Ik regelde het bezoek aan de GG&GD voor de tbc-verklaring en ik legde uit hoe zij met de tram de vreemdelingenpolitie op het Stadhoudersplantsoen konden bereiken. Zahida ging met mij mee naar de vreemdelingenpolitie. Toen wij arriveerden, was de familie er al. We groetten elkaar en wachtten in stilzwijgen tot we aan de beurt waren. Met zijn allen gingen we het te kleine hokje binnen. Dit keer stond er een man achter de balie. Net zoals zijn collega een paar maanden eerder keek ook hij verbaasd op van de intocht maar hij liet ons toch rustig binnenkomen. 'Goedemorgen,' sprak hij vriendelijk en liet zijn ogen langs alle gezichten gaan. 'Mag ik vragen wie wie is? Laten we beginnen met de referente. Mevrouw H. Lakho?' 'Dat ben ik,' sprak ik met een hese stem van de spanning en emotie. 'Mevrouw S. Lakho-Khatoon?' 'Dat is mijn moeder.' Ik wees hem op de kleine vrouw die vlak voor hem stond. Alleen Zahida's naam had hij niet op papier, maar hij knikte toen zij uitlegde waarom ook zij hier was. 'Prima,' zei hij en begon zijn uitleg wat ons te wachten stond. 'Ik wil graag met u allen, een voor een de aanvraag doorlopen, de papieren controleren en u vertellen welke vergunning u is verleend. Ik stel het op prijs als de eerste, mevrouw Yasmin Lakho-Halepoto, samen met de referente hier blijft. En u,' hij keek de anderen aan, 'u roep ik achtereenvolgens naar binnen. In orde?' Amma keek verbaasd om zich heen, Fahad en Zahida deden gewoon wat hun gezegd werd. Ali Nawaz had even de neiging om binnen te blijven, maar ook hij verdween. Ik vouwde mijn handen samen in mijn schoot. Ze trilden van de zenuwen. 'Mevrouw Lakho, mag ik u eerst enkele vragen stellen?' Ik keek op en zag warmte en betrokkenheid in zijn ogen. 'Mevrouw Lakho, we weten alles van uw situatie. Wij kennen uw boek. We hebben de hele zaak grondig doorgenomen en u met al uw inspanningen van de afgelopen jaren op de voet gevolgd. Ik heb bewondering voor uw doorzettingsvermogen.' Hij stopte met praten zodat ik zijn woorden tot me kon laten doordringen. 'Absoluut bewondering en juist daarom vragen wij ons af: waarom wilt u alles nu opgeven?' Weer keek ik hem aan en ik voelde de eerste tranen over mijn wangen glijden. Ik was op en gebroken. Ik, die zo had gevochten voor iets wat niet bestond, zat voor de zoveelste keer bij een ambtenaar die met visa te maken had. Jarenlang had ik met hen gesproken over het belang van de hereniging, over humanitaire gronden, over mijn verleden dat alleen tot rust kon komen als de toekomst een kans zou krijgen. Nu zat ik wederom tegenover eenzelfde soort ambtenaar en ik wilde hem eigenlijk maar één ding zeggen: stuur mijn familie alsjeblieft terug naar Pakistan. Ik huilde stilletjes en zei niets. Yasmin keek schichtig door de glazen wand om naar amma. Toen ik mezelf weer in de hand had, vroeg de ambtenaar: 'Mevrouw Lakho, wat kunnen wij doen om het u vanaf nu zo makkelijk mogelijk te maken?' En voor dat begrip en die vriendelijkheid schoot ik nog een keer vol. Ik gaf aan dat het opheffen van de beperkingen van het allergrootste belang was om deze familiehereniging nog een kans van slagen te geven. Hij beloofde mij zijn uiterste best te zullen doen om de familie in ieder geval meteen een werkvergunning te verschaffen. Sommige beperkingen waren al opgeheven, maar op de visa stond nog steeds dat het om uitgebreide gezinshereniging gaat wat inhoudt dat ik garantsteller zou blijven. Een voor een liepen mijn familieleden de papieren met de ambtenaar door. Ruim een uur later waren de formaliteiten afgerond en lag de afspraak vast dat ze over twee weken alle vier een geplastificeerde pas op naam met pasfoto konden afhalen. Op dat pasje zou vermeld staan:

VERBLIJFSDOCUMENT
REGULIER BEPAALDE TIJD
VERRUIMDE GEZINSHERENIGING BIJ H. LAKHO
ARBEID VRIJ TOEGESTAAN
TWV (tewerkstellingsvergunning) NIET VEREIST

In de begeleidende brief werd aangegeven dat ze alle vier in aanmerking kwamen voor de inburgeringscursus waarvoor ze door de gemeente Rijswijk zouden worden uitgenodigd. Voor dit document heb ik dus jaren gevochten, dacht ik toen ik ze zag staan met de brief in hun hand. Ik was kapot en Zahida merkte het. Ze liep met mij mee naar buiten en sloeg een arm om me heen. We reden achter elkaar aan naar het Valkenboskwartier. Eenmaal aan de chai beweerde Ali Nawaz dat hij nu een uitkering kon aanvragen. 'Nee, Ali,' zei ik, 'je mag gaan werken, maar een uitkering krijg je pas als alle beperkingen zijn opgeheven.' Ik was woedend dat hij telkens weer over een uitkering begon en nooit over een mogelijke baan sprak. Hij was sowieso van plan weer bij de Sociale Dienst te gaan informeren. Ik haalde mijn schouders op en probeerde op te pikken waarover Zahida en de anderen praatten. Ze hadden het over mij. Amma vroeg waardoor ik van streek was geraakt bij de vreemdelingenpolitie. De tijd was voorbij dat ik verstoppertje speelde. Met een bevende stem vertelde ik eerlijk dat ik het allemaal niet meer kon opbrengen en mijn twijfels had over de hereniging, maar dat het me pijn deed zoiets te moeten zeggen. Het zou namelijk kunnen betekenen dat de familie terug naar Pakistan moest. 'En, amma, ik was ook van streek omdat ik weleens twijfel aan de reden van uw komst naar Nederland. Waarom bent u naar Nederland gekomen?' Yasmin had mijn woorden nog niet vertaald of amma begon aan haar antwoord. 'Ik ben oud en ziek. Mijn leven is voorbij. Ik heb mijn tijd gehad en of ik de laatste jaren nu in Pakistan of hier doorbreng, maakt mij niet uit. Baba heeft jullie uit de Pakistaanse armoede gehaald en het is mijn taak hetzelfde te doen voor de jongste kinderen. Ik ben gekomen om de toekomst van mijn kinderen zeker te stellen.' Een pijnlijke stilte volgde. Althans, die pijn voelden Zahida en ik. 'Amma,' zei Zahida, 'hoeveel kinderen heb je eigenlijk?' Mijn moeders ogen gingen snel heen en weer. Ik nam het woord over. 'Ik heb je hierheen gehaald, amma, omdat het me goed leek om als gezin herenigd te worden. Er lag een kans om de band met uw verloren dochters te herstellen en met uw vijf kleinkinderen een band op te bouwen. U zou de spil kunnen zijn van ons familieleven. Dat Zahida, Ayesha en ik er moeite mee hebben ontspannen met elkaar om te gaan, heeft alles te maken met onze vader en ons vreselijke verleden.'

'Die man heeft net een hartaanval gehad,' reageerde Zahida impulsief. Yasmin vertaalde alles wat ze hoorde, ook de laatste schampere opmerking van Zahida. Amma sprong als gestoken overeind. 'Hartaanval, baba, mijn man? Waar is hij, *which hospital*? Ik moet naar hem toe.' Zahida en ik rolden letterlijk van onze stoel. Ik dacht dat ik erin zou blijven. 'Amma,' zei ik terwijl ik haar arm pakte, 'amma, hoort u wat u zegt? U vraagt naar de man die twintig jaar lang verzweeg dat hij zich van u had laten scheiden. U vraagt naar de bruut die u ontvoerde en uw drie dochters moederloos in een vreemd land achterliet. U huilt om de engerd die uw drie dochters zwaar heeft mishandeld. U hebt geen flauw benul wat wij hebben meegemaakt. Wij zijn zonder liefde, zonder warmte, zonder familie en alleen met haat en jaloezie grootgebracht…' 'Me husband,' jammerde amma en Yasmin legde een arm om haar schouders. 'Me husband.' Ik vloekte hardop en gooide mijn stoel naar achter. 'Luister even,' probeerde Ali Nawaz de boel te sussen, 'vergeet niet, Hameeda, dat amma vijf kinderen van baba heeft. Hij blijft haar man en de vader van haar kinderen. En wij hadden ook geen zonnige jeugd, hoor. Soms zagen we onze grootouders maanden niet.' 'Ach man, flikker jij helemaal op,' brieste ik naar mijn broer. 'Waar heb je het over? Jij kende je grootouders, tantes, ooms, neven en nichten. Wij hebben nooit familie gehad. En u, amma, ik zal u het adres geven. Gaat u maar naar uw husband!' Volledig overstuur verliet ik de woning.

Ik had dagen nodig om te herstellen. Ik was boos en tegelijkertijd diep verdrietig. Alles ging anders dan ik me had voorgesteld. Ik had die hereniging alleen maar door een roze bril bekeken, dat was zo. Maar wie had kunnen vermoeden dat het zo desastreus zou uitpakken. Ik wilde mijn leven terug zoals het was voordat mijn familie naar Nederland kwam. Ik zou er alles aan doen om me los te maken van mijn familie. Ik belde KPN, Eneco en de gemeente Rijswijk om te checken of de juiste geadresseerde(n) en adressering werden gebruikt. Ik wilde geen post meer voor hen ontvangen, maar dat was lastig omdat ze officieel nog niet zelfstandig mochten wonen. Begin februari ontving ik een brief die gedateerd was op 28 januari, de dag dat wij voor de vreemdelingenpolitie waren verschenen. De brief was aan mij geadresseerd en ondertekend namens de staatssecretaris van Justitie:

> (...) Bij brief van 8 maart 2001 heb ik besloten om uw moeder, broer, zus en zwager een vergunning tot verblijf zonder beperking te verlenen. Tot mijn spijt is vervolgens door interne misverstanden mijn besluit opgevat als zou aan de vergunningen de beperking verruimde gezinshereniging moeten worden verbonden. Bij deze bied ik u hiervoor mijn verontschuldi-

> gingen aan. Uiteraard zal een en ander worden rechtgezet. De korpschef van de regiopolitie Haaglanden heb ik bij brief van heden geïnformeerd dat aan uw familieleden een verblijfsvergunning regulier voor onbepaalde tijd dient te worden verleend. Dit betreft een zelfstandige vergunning zónder beperking. (...)

'Die blijven dus,' zei ik hardop nadat ik de brief had gelezen. 'Ik kom nooit meer van ze af.'

Moeders, dochters, zussen

Hoe had het zover kunnen komen? Verslagen bladerde ik door mijn map met krantenknipsels. Ik zag de eerste interviews met Henk van der Meyden over mijn nachtmerrie: de onbereikbaarheid van mijn moeder. Ik las hoe ik werd geciteerd over de bureaucratie van de IND door geen vergunningen te verstrekken zodat mijn zussen en ik gedwongen zonder moeder door het leven moeten. Al mijn inspanningen waren gericht op de hereniging met mijn moeder. Op 5 november 2001 plaatste Henk van der Meyden een laatste artikel over mij en mijn familie op zijn Privé-pagina in *De Telegraaf*:

EINDELIJK HERENIGD

NA 30 JAAR HAPPY END VOOR HAMEEDA EN HAAR DOODGEWAANDE MOEDER

NACHTMERRIE IS EEN MOOIE DROOM GEWORDEN

De koppen logen er niet om. Onder de grote foto van amma en mij, allebei stralend en zichtbaar gelukkig, staat: 'Een ingelukkige Hameeda Lakho kan haar moeder na dertig jaar in de armen sluiten. Hameeda: "Dit wordt de mooiste Kerstmis van mijn leven."'

Hoe anders was het gelopen. Hoe snel was het fout gegaan. De afgelopen vijf jaar was ik voortdurend met de IND en de vreemdelingenpolitie in gesprek geweest voor het verkrijgen van verblijfsvergunningen zonder beperkingen. Nu lagen ze er en ik wilde ervanaf. De houding van mijn familie, hun gemakzucht, hun arrogantie die wellicht voortkwam uit hun cultuur, hun gebrek aan interesse voor mij, mijn kinderen en mijn zussen leidden tot één gedachte: ze zijn hier alleen maar voor zichzelf, voor de toekomst van Yasmin en Ali Nawaz gekomen. Ze wilden profiteren van de Nederlandse maatschappij en van mij. En dat inzicht kwam keihard aan. Dit is dus mijn familie, concludeerde ik. Zo komen er ongetwijfeld heel veel families naar Nederland. Ik vroeg me in alle oprechtheid af waarvoor ik zo hard had gevochten. Ik streed voor hereniging en kreeg visa op humanitaire gronden. Zij kwamen echter om economische redenen, namelijk het garantstellen van hun eigen financiële toekomst in hun eigen kringetje en in hun eigen cultuur. Zich aanpassen aan een andere cultuur zat er niet in. Natuurlijk mag en moet je je eigen cultuur ook in den vreemde zien te behouden, maar ik vind dat als je kiest voor een emigratie de intentie tot integratie in je nieuwe land op zijn minst aanwezig moet zijn. De vele vooroordelen waren misschien een uiting van angst en onzekerheid, maar toch miste ik hun waardering en respect voor andere opvattingen. Mijn familie dacht niet in termen van geven of aanpassen aan de Nederlandse maatschappij. Een voor een, met Ali Nawaz voorop, kwamen ze om te profiteren. Althans, zo heb ik dat gevoeld. In de afgelopen maanden was mijn gevoel compleet veranderd. Eerst was er hoop en vechtlust, nu vertwijfeling en teleurstelling. Moest ik hiermee doorgaan? Ik kon het niet verdragen dat de Nederlandse Staat zich voor deze mensen zou inspannen en daarom besloot ik open kaart te spelen. In mijn wanhoop schreef ik de staatssecretaris van Justitie, de vreemdelingenpolitie en de IND een brief waarin ik haarfijn uitlegde hoe de hereniging uit de hand was gelopen en waarom ik vond dat mijn familie geen recht meer had op een verblijfsvergunning zonder beperkingen. Ik vroeg het volgende – ik citeer letterlijk uit mijn brief:

> *(...) Deze hele gezinshereniging is een grote farce. De situatie is totaal uit de hand gelopen. De komst van onze moeder samen met mijn broer en zus op basis van verruimde gezinshereniging op humanitaire gronden om herenigd te kunnen zijn met de verloren dochters en kleinkinderen die ze van 1968 tot 2002 niet in de buurt heeft gehad, blijkt een grote* LEUGEN. *Sinds aankomst op 1 oktober 2001 verloopt alles ontzettend moeizaam. De grote cultuurverschillen, het opdringen van hun moslimgeloof en het veroordelen van onze levens breekt mij en mijn oudste zus helemaal op. Vijf maanden lang zijn er grote ruzies geweest door gebrek aan interesse van onze Pakistaanse familie. Zij zijn hier alleen om de* ECONOMISCHE *belangen. Het gaat hen totaal niet om de verloren tijd van vierendertig jaar in te halen. (...) Moeder toont totaal geen interesse. In vijf maanden tijd*

heeft ze mijn oudste zus slechts tweemaal gezien. Ook naar haar kleinkinderen kijkt ze niet om. (...) Zij hebben mij en mijn zus niet meer nodig nu de verblijfsvergunningen in hun bezit zijn. Ze willen verder hun eigen leven leiden. In hun ogen zijn wij, niet-moslims, ongelovigen. Ik wilde de aanvraag al eerder intrekken, maar ik heb me laten overhalen dat niet te doen. (...) Tot op heden heb ik hen bewust NIET *op de hoogte gesteld van de herziening, namelijk dat de beperkte vergunning voor een jaar is omgezet in een verblijfsvergunning zonder beperkingen. (...) De familie heeft mij gebruikt om naar Nederland te kunnen komen. Toen zij in Pakistan woonden, schreven ze wekelijks brieven en verwenden mij met telefoontjes. Vanaf het moment van aankomst, bellen ze alleen als ze iets nodig hebben. Intussen verblijven ze in een huis dat ik voor hen heb gekocht en ze leven van de inkomsten van mijn boek (...) Ik ben aan het eind van mijn krachten. Ik kan het psychisch niet meer aan. Mijn man en kinderen lijden eronder en mijn familie lacht om mijn frustratie. (...) Ik kan en wil niet langer leven met deze* LEUGEN. *En ik wil zeker niet dat deze mensen profiteren van de goedheid van de Nederlandse Staat. (...) Achter mijn rug om proberen ze uitkeringen te krijgen. (...) Ik wil niet langer garant staan. De grond waarop de staatssecretaris de vergunningen heeft verleend, strookt niet met de waarheid. Ik heb getracht hen te overreden zelf naar Pakistan terug te gaan, maar dat is uitgesloten. Ik heb tickets gereserveerd. U kunt deze komedie nu beëindigen. (...) Mijn excuses voor zoveel leed en ongemak. Ik ben zo ontzettend teleurgesteld dat ondanks zoveel goedheid van alle instanties, deze gezinshereniging een totale mislukking is.*

Met de meeste hoogachting,
Hameeda Lakho, 10 maart 2002

Huilend postte ik de brief. Wie had een paar maanden geleden kunnen vermoeden dat ik dit zou doen. Ik vertelde het Zahida en zij begreep mijn reactie maar vroeg me ook door te vechten om de familie in Nederland te houden. Het zou volgens haar geen uitkomst bieden de familie terug te sturen. 'Probeer over de teleurstelling heen te stappen, Hameeda. Jij doet wat je kunt. Dingen lopen soms anders dan je denkt.' Volkomen naïef maar met oprechte, warme gevoelens en verlangens had ik jaar in jaar uit gevochten voor deze familiehereniging. Ik had de situatie geromantiseerd en geïdealiseerd. Nu, door schade en schande wijs geworden, zag ik in dat het samenvoegen van twee totaal verschillende culturen een ongelooflijk lastig project is. Ik had verwacht dat een diepgewortelde moederliefde die kloof zou overbruggen. Ik heb het verschil in culturen onderschat en amma's moederliefde voor mij en mijn Nederlandse zussen overschat. Moeders, dochters, zussen: hoe mooi had het kunnen zijn?

Moeders. Een moeder had ik niet, en nooit gehad ook. Mijn stiefmoeder maakte het ons overduidelijk dat wij niet gewenst waren. Zij wilde haar eigen gezin. 'Jullie vader had jullie in het riool van Pakistan moeten achterlaten, waar jullie vandaan komen.' Van jongs af aan kwam ik wel in aanraking met andere 'echte moeders'. Op school en soms bij vriendinnen thuis zag ik hoe warm en liefdevol de band tussen moeders en dochters kon zijn. De onvoorwaardelijke liefde die de meeste moeders hun kinderen geven, biedt de beste basis om het leven aan te kunnen. Ik was er van kind af aan van overtuigd dat amma op die onvoorwaardelijke wijze van mij had gehouden en ik stelde me voor dat ik zelf ook zo'n moeder zou worden. Toen Gilmer en ik over kinderen gingen denken, werd ik bang. Ik twijfelde of ik wel een goede moeder zou kunnen zijn. Ik had immers geen voorbeeld. De kinderen kwamen toch. Gelukkig! Bij de geboorte van Rachel ontstond mijn behoefte meer over mijn moeder te weten te komen. Ik wilde de ingrijpende gebeurtenis van het moeder worden, delen met de vrouw die mij op de wereld had gezet. Ik wist via Ayesha dat amma misschien in leven was. Na de geboorte van Melanie werd de drang om amma te vinden nog sterker. Mijn eigen moederschap had het onverwerkte verdriet van de 'dood' van mijn moeder met een ongekende kracht naar boven gehaald. Nu pas begreep ik waar de pijn, leegte en rusteloosheid die ik mijn hele leven had gevoeld vandaan kwamen. Ik wilde een antwoord op vele vragen, maar ik zocht vooral die overweldigende moederliefde.

Moeders en dochters. Als ik naar mijn meisjes kijk, stroomt mijn hart over van liefde. Hun aanwezigheid maakt mij zo intens gelukkig. Hun komst heeft in mij een onuitputtelijke bron van liefde aangeboord. In elke fase van hun leven leer en ontdek ik zoveel in hen en in mijzelf. Het opvoeden van kinderen betekent voor mij een persoonlijke emotionele groei. De liefde die ik voor hen voel, is onvoorwaardelijk en wordt door de jaren heen sterker. Zo moet het ook zijn tussen ouders en hun kinderen. Geen moment is het bij me opgekomen dat een gat van ruim dertig jaar zo'n bron doet opdrogen. Amma had mij op mijn vierde achtergelaten in Nederland. Mijn vader had haar daartoe gedwongen, althans dat beweerde zij. Toen ik over de dertig jaar was, zag ze mij terug. In die tussentijd hebben we nooit contact gehad. Amma had geen idee hoe ik me als klein meisje gedroeg, wat mijn kinderangsten waren, hoe ik speelde en wat ik graag deed. Ze wist niets van mijn leven en dus kon zij nergens uit afleiden waar mijn onzekerheden vandaan kwamen, mijn frustraties, mijn achterdocht, mijn gevoeligheid niet voor vol aangezien te worden. Ze haalde haar schouders op voor mijn woede over kindermishandeling en vond het vreemd dat ik niet zomaar alles aannam wat zij zei. Mijn moeder kende mij niet en toch deden we alsof we elkaar volledig doorgrondden. Want zo hoort dat toch tussen moeders en dochters... Amma verwachtte van mij en mijn Nederlandse zusjes eenzelfde houding als van Yasmin. Ik verwachtte dezelfde liefde te ontvangen die amma Yasmin op een natuurlijke manier gaf. Maar van twee kanten werkte dit anders. Amma kreeg mij niet als kind maar als volwassen vrouw voor wie het leven allesbehalve gemakkelijk was geweest. Een vrouw die geleerd had te vechten en voor haar mening durfde uit te komen, ongeacht de reactie van de ander. Ik was ervan uitgegaan dat amma mij zo zou zien en mijn manier van leven zou respecteren. Zoals ik haar opvattingen en gedragingen zou respecteren. Maar amma behandelde mij alsof zij mij had grootgebracht of erger: alsof ze mij alsnog moest opvoeden. Zij ging ervan uit dat ik haar omgangsregels, die ik nooit had geleerd, zou volgen. Ze ging eraan voorbij dat we geen gemeenschappelijke herinneringen hadden en dat ze niets wist van mijn ontwikkeling. Het maakte mij verdrietig dat ze er ook niet naar vroeg. Ik besefte meer en meer dat de gaten en verschillen enorm waren waardoor de afstand niet kleiner maar steeds groter dreigde te worden. In mijn verbeelding was amma alles geweest wat ik nodig had en kon alleen zij ervoor zorgen dat de verloren tijd werd ingehaald. Ik had verwacht dat haar liefde de afschuwelijke herinneringen aan mijn eenzame kindertijd en puberteit zou verzachten. Ik wilde de mijlpalen in mijn leven zoals de eerste menstruatie, mijn huwelijk, zwangerschap, de geboorte van mijn dochters delen met mijn moeder. Mijn moeder dacht er anders over. Zij wilde mijn verhalen helemaal niet horen. Wel legde ze haar emoties van verdriet, boosheid en gemis op tafel. Haar gevoelens weken af van wat ik me had voorgesteld. Ik deed mijn best mijn moeder te begrijpen en zocht naar overeenkomsten tussen ons. Ik realiseerde me dat ze niet langer de amma uit mijn verbeelding was, maar dat ze steeds meer een vrouw van vlees en bloed werd. Een vrouw met tekortkomingen en gebreken. Ook een vrouw die willens en wetens ontkent dat wij zijn mishandeld, dat we zoveel hebben gemist en zoveel zijn kwijtgeraakt. In plaats van dat we dichter bij elkaar kwamen, groeiden we uit elkaar. Ik probeerde antwoord te krijgen op de vragen uit het verleden. 'Waarom kwam je nooit naar Nederland, amma? Je ging wel op pelgrimstocht? Hoe kon je ons achterlaten en nooit terugkomen?' Amma antwoordde dat wij dankbaar moesten zijn voor onze westerse opvoeding en scholing. 'Als jullie in Pakistan waren gebleven, had je nu nog in de koeienvlaaien gewerkt.' 'Maar amma, Ali Nawaz en Yasmin zijn toch ook naar school geweest en zelfs afgestudeerd?' Soms was mijn reactie fel en amma keek me dan boos en bestraffend aan. 'Dankzij mij hebben zij een titel.' 'Dat bedoel ik, amma, zo kon het toch ook. Zij hadden daarbij jou en jouw liefde.' Ik begreep ook wel dat door onze afwezigheid en mijn vaders weliswaar luttele toelage vanuit Nederland amma Ali Nawaz en Yasmin anders had kunnen opvoeden. Ik wilde alleen dat zij zou begrijpen hoe ingrijpend het gemis aan moederliefde kan zijn.

Maanden heb ik niet durven zien wat me inmiddels duidelijk was: ik ga amma weer verliezen. Voor de tweede keer in mijn leven raak ik mijn moeder kwijt. En die gedachte maakte mij kapot. Ik was gebroken. Ik deed wat er van mij werd verwacht, maar kon verder niets opbrengen. We waren vreemden met als enige binding de bloedband. Ik hoefde maar naar Yasmin en Ali Nawaz te kijken om zeker te weten dat we uit hetzelfde nest kwamen. Alleen waren zij in dat nest gevormd. Ze namen elkaars ge- en ongemakken met een vanzelfsprekendheid die er alleen is als je elkaar door en door kent. Ali Nawaz kon soms uitvallen tegen amma en zij haalde dan haar schouders op. 'Bad day?!' zei ze dan vergoelijkend over haar zoon. Yasmin stil? O, zo is ze altijd al geweest. Zij met z'n drieën hielden op een vanzelfsprekende manier van elkaar en wisten precies wat ze aan elkaar hadden. Dat bij elkaar maakte dat ze een eenheid vormden. Een eenheid die rust uitstraalde. Ze leefden vanuit de onvoorwaardelijke liefde die er gewoon was. Dat voelde je tussen amma en haar kinderen, maar ook tussen Yasmin en Ali Nawaz. Mijn zus en broer hadden ook stilzwijgend contact. Hun relatie was goed en kwam voort uit datzelfde warme nest waarin zij waren opgegroeid. Het ontbreken daarvan vormde ook de kern van de slechte relatie tussen Ayesha, Zahida en mijzelf.

Zussen. De relatie met mijn zussen is altijd verstoord geweest. De basis voor een hechte band ontbrak. Toen wij als meisjes van vier, zeven en elf jaar naar Nederland kwamen, waren we nog zusjes in de ware zin van het woord. Zelf weet ik daar het fijne niet meer van, maar Ayesha en vooral Zahida hebben mij verteld dat we in Tandho, ons dorpje, met elkaar speelden, stoeiden en kattenkwaad uithaalden. We hoorden bij elkaar. De eerste weken in Nederland, nog samen met amma en Yasmin, hadden we die geborgenheid ook nog bij elkaar gevoeld en gezocht. In onze ogen had mijn vader zich snel als een harde, vreemde man opgesteld bij wie wij graag uit de buurt bleven. Onder elkaar spraken we Sindhi en giechelden we. Amma deed dan ook mee. Zij knuffelde ons en wij sliepen met zijn allen in één slaapkamer. Nadat mijn vader amma had ontvoerd en in Pakistan had achtergelaten, begon ons nieuwe leven bij mijn vader, zijn vriendin en hun zoon, ons halfbroertje. Van het begin af aan heeft zowel mijn vader als onze stiefmoeder er alles aan gedaan om de zussenband kapot te maken. We werden voortdurend uit elkaar gehaald en in afzonderlijke kamertjes opgesloten en aan een werkje gezet. De eerste tijd zochten we elkaar stiekem op en wij waren ervan overtuigd dat ze onze drie-eenheid niet kapot konden krijgen. Dat lukte hen wel. Door de herhaaldelijke mishandelingen en intimidatie moesten we voortdurend knokken voor ons eigen leven. We kregen de opdracht om op elkaar te letten. Als bijvoorbeeld Zahida erop moest toezien dat ik de was opruimde en ik deed dat niet, kregen we allebei een afranseling. De volgende keer zorgde Zahida er wel voor dat ik mijn klusjes afmaakte door zich heel streng op te stellen. We werden gedwongen over elkaar te klikken en elkaar te verraden. Als je een keer voor je zus opkwam, kon je rekenen op stokslagen. Uiteindelijk steunden we elkaar niet meer. Ieder vocht voor zijn eigen hachje. Na een paar van die afgrijselijke jaren vertrouwden we elkaar niet meer. Alle drie leefden we ons eigen leven. Wat mijn vader en stiefmoeder in het begin hadden geforceerd, was op ongeveer mijn tiende de normale gang van zaken geworden. Later, toen we elkaar uit vrije wil opzochten, hoopte ik dat het praten over ons bizarre, gedeelde verleden zou helpen in het verwerkingsproces. Maar ironisch genoeg konden we er helemaal niet met elkaar over praten. In de voorbereiding op de rechtszaak tegen mijn vader en stiefmoeder heb ik Ayesha en Zahida gevraagd hun ervaringen op papier te zetten, maar daarmee kregen we onze band niet terug. Het verleden stond tussen ons in en ons samenzijn was altijd een confrontatie met een herinnering aan die nare tijd. Alle drie hebben we op onze eigen manier gevochten voor de liefde en aandacht van mijn vader en stiefmoeder. Die ontvingen we nooit en toen we dat doorhadden begon onze strijd om thuis te overleven. Voor mij betekende dat de zoektocht naar een mogelijkheid om er weg te komen, mijn vlucht op dertienjarige leeftijd en toen de opbouw van een eigen bestaan waarbij ik totaal op mijzelf was aangewezen. In die tijd ontkende en onderdrukte ik mijn verleden en meed alles wat daarbij hoorde. Ook mijn zussen. Ik moest niets van ze hebben. Hun brieven heb ik een tijdlang ongeopend teruggestuurd. Mijn verleden bestond domweg niet. Iedereen die mij ontmoette, had te maken met mij en mij alleen. Zonder zussen. Zonder familie. Zonder verleden. Het vechten voor jezelf hebben we nooit afgeleerd en het vermogen om emoties met elkaar te delen nooit meer kunnen ontwikkelen.

Toen Zahida in 1996 naar Pakistan ging en amma daar vond, stond ik te popelen om haar verhalen te horen. 'Hoe was amma? Mist ze ons? Houdt ze van ons? Houdt ze van mij...' Zahida wachtte maanden voordat ze verslag kwam doen. Ze reageerde ongeduldig en geïrriteerd toen ik haar meteen na thuiskomst belde om nieuws over amma te vernemen. 'Hè, Hameeda, zeur niet zo, ik kom het je vertellen als het mij uitkomt,' zei Zahida behoorlijk afstandelijk. 'Maar kan ik de foto's en videoband van amma dan zien?' De videoband had ze zelf nodig en de rolletjes moest ze nog wegbrengen. Mijn zus kon of wilde zich niet voorstellen hoe groot mijn behoefte was iets over amma, Ali Nawaz en Yasmin te vernemen. Zij worstelde met haar eigen emoties, begreep ik later. Deze ervaringen kon ze niet delen. Zo zou het tussen ons drieën blijven gaan.

Ik had gehoopt dat met de komst van amma ook de band tussen mij en mijn zussen zou groeien en verbeteren. Amma zou de spil zijn. Het deed mij pijn te beseffen dat amma ons eerder uit elkaar dreef dan bij elkaar bracht. Amma had commentaar op onze manier van leven. Tegen mij sprak ze haar afkeuring uit over bijvoorbeeld Ayesha's kleding of Zahida's manier van huishouden. Zahida zou de slechte eigenschappen van haar vader hebben geërfd, 'ze is lui', Ayesha leefde in zonde want ze had wel een dochter maar ze was niet getrouwd. 'Dochter moet bij mij wonen, dat is beter.' Ik sprak haar dan tegen en nam het op voor mijn zussen, maar ik begreep ook dat ze bij hen over mij zou roddelen. Dat ik niet heb gestudeerd, zat mijn moeder dwars. 'Not educated, no good.' Ik hoor het haar zo zeggen. 'Kinderen bij mij, dan kan Hameeda naar school.' Zouden Ayesha en Zahida het op dezelfde wijze voor mij en elkaar opnemen? In mijn ideaal zag ik ons alle drie met onze partners en kinderen bij amma komen om als familie gezellig samen te zijn. Dat was mijn vurige wens, maar ook dat bleek te hoog gegrepen. Toen ik zeventien was, wist ik onbewust dat mijn verleden de weg naar een betere toekomst belemmerde, maar ik bleef mijn herkomst ontkennen. Die ontkenning wreekte zich toen ik zelf kinderen kreeg. Het feit dat ik de gebeurtenissen uit het verleden nooit had verwerkt, vormde nu de blokkade om met mijn gezin verder te gaan. Dus zocht ik mijn verleden op om samen met de mensen uit dat verleden een nieuwe toekomst te beginnen. Maar langzaamaan durfde ik in te zien dat het verleden mij nog steeds niets te bieden had.

Loslaten

Mijn verzoek om te onderzoeken of de familie eventueel teruggestuurd kon worden naar Pakistan was geen impulsieve daad geweest. Ook geen actie die voortkwam uit louter boosheid. Ik was woedend, dat wel. De warme gevoelens hadden plaatsgemaakt voor verbazing, verbijstering, teleurstelling en irritatie. De bekoelde liefde speelde me wel parten tijdens mijn werk. Mijn werk was voortgevloeid uit mijn privé-leven. Nog steeds gaf ik lezingen naar aanleiding van *Verborgen tralies.* Mijn lezingen gingen over niets anders dan wat ik zelf had meegemaakt. Het verhaal dat ik in mijn eerste boek vertel, was uiterst recent maar krap anderhalf jaar later lagen de kaarten totaal anders. Na de toewijzing van de visa in maart 2001 kon ik tijdens de lezingen en interviews iets positiefs aan mijn boek toevoegen. Ik kon vertellen dat onder andere de publicatie van *Verborgen tralies* had bijgedragen aan het verkrijgen van de vergunningen. In de periode dat de familie net was gearriveerd, lagen de lezingen nagenoeg stil maar in het voorjaar van 2002 stroomden de aanvragen weer binnen. In de boekenweek doorkruiste ik het hele land. Tijdens het geven van lezingen en beantwoorden van vragen vanuit de zaal voelde ik me zekerder dan ik ooit voor mogelijk had gehouden. Discussies over kindermishandeling kon ik met afstand benaderen. Het draaide allang niet meer uitsluitend om de mishandelingen die mij waren aangedaan; mijn ervaringen waren hooguit de sleutel om het gesprek erover op gang te brengen. Met dat deel uit mijn verleden kon ik wel overweg. Het kostte me nu erg veel moeite om het grote verlangen uit *Verborgen tralies* nog oprecht onder woorden te brengen. Dat lukte me niet meer zonder een tip van de sluier op te lichten en aan te geven dat de hereniging minder soepel verliep dan ik had verwacht. Als iemand erover doorvroeg en ik vertelde dat het verschil in culturen ons regelmatig opbrak, gaf ik nooit alleen mijn familie de schuld. Ik onderstreepte altijd mijn eigen naïviteit, mijn onbegrensde optimisme en vooral mijn ongecontroleerde verlangen naar een moeder. Voornamelijk dat laatste had mijn doen en laten geleid.

In die weken na het versturen van mijn brief om de visa in te trekken, heb ik alleen maar nagedacht. Soms pakte ik vertwijfeld de telefoon om te zeggen dat de brief uit wanhoop was geschreven en dat het onderzoek moest worden gestopt, maar even later wist ik weer dat er geen woord van was gelogen. Ik heb er mijn hoofd over gebroken waarom iets wat zo mooi had kunnen zijn, zo kon aflopen. Aan de ene kant was het gebrek aan respect voor onze westerse cultuur en de inhaligheid van mijn familie een feit, maar aan de andere kant hadden mijn zussen en ik misschien wel verkeerde verwachtingen gewekt. Wij hadden ons tijdens de bezoeken in Pakistan als de rijke zussen uit het Westen gedragen. Zij woonden in lekkende huizen, de vloerbedekking bestond uit aangestampte aarde en er waren nauwelijks sanitaire voorzieningen. Wij wilden dat zij het beter zouden hebben. We stimuleerden hen een ander appartement te zoeken, kochten een wasmachine, koelkast, servies, muziekinstallatie en nog veel meer en deden alsof het niets was. We vertelden wel dat wij in Nederland voor dat geld hard hadden gewerkt, maar dat we ons spaargeld graag aan hen besteedden, aan familie die in armoede leefde. Ze luisterden ernaar maar zeiden tegen anderen dat we miljonairs waren. Wij hadden het in het Westen gemaakt en zij wilden naar dat leven toe. Zij, en dan doel ik met name op Ali Nawaz, Yasmin en Fahad, hadden heel hoge verwachtingen van een leven in het Westen, maar ze hadden zich er niet op voorbereid. In plaats van zich in te stellen op een ander ritme, een westers arbeidsethos en een westerse wijze van omgaan met medemensen, zetten zij alles op alles om hun cultuur naar Nederland te halen. Ze zochten contact met mensen in de moskee, maakten vrienden en kennissen onder Pakistani of anderen die Urdu spraken, stemden radio en televisie af op Urdutalige zenders, draaiden Pakistaanse muziek en kookten de keuken van thuis. Ik ben er een groot voorstander van dat mensen hun wortels niet uit het oog verliezen en besef hebben van hun eigen cultuur, maar naar mijn mening moet het een het ander niet uitsluiten. Emigratie vereist wel inspanning, inzet en flexibiliteit om te integreren in je nieuwe land. Maar Ali Nawaz was zo flexibel als de kluisdeur van de Nederlandsche Bank. Er zat geen greintje beweging in dat brein van hem en hij bepaalde wat amma, Yasmin en Fahad wilden. Zolang er geen wil tot integratie werd getoond, was er maar één weg: terug.

De IND dacht er anders over. Op 12 april 2002 ontving ik de definitieve reactie van Justitie: de beslissing visa toe te kennen kon niet worden teruggedraaid tenzij er sprake was van opzettelijk onjuiste informatie bij het indienen van de aanvraag. Dat was niet het geval.

'Ze blijven dus definitief in Nederland,' zei ik tegen Gilmer. 'De vergunningen zijn nu helemaal rond. Ze komen in aanmerking voor een bijstandsuitkering, ze kunnen zich verzekeren en woonruimte aanvragen. Ik ga ze dat maar vertellen.' Nog even hield ik de informatie voor me. Alle officiële post werd nog steeds op mijn adres bezorgd, maar dat zou snel veranderen. Mijn teleurstelling over de gebeurtenissen was zo groot, dat ik domweg geen zin had om hen blij te maken. 'Laat ze nog maar even in onwetendheid,' zei ik, 'zij leven in de veronderstelling dat de visa ingetrokken kunnen worden en dat ze terug moeten.' Ik weet dat ik me daarmee niet van mijn mooiste kant liet zien. Een paar dagen later werd ik gebeld door de Sociale Dienst. Ali Nawaz had niet stilgezeten. Hij was, zonder dat hij van het opheffen van de beperkingen wist, toch weer eens gaan polsen bij de Sociale Dienst over de mogelijkheden. De dame in functie wilde hem en de familie laten weten dat het met die uitkeringen allemaal dik voor elkaar zou komen. Ik reageerde heel verbaasd. 'Weet mijn broer dat de vergunningen zijn bijgesteld?' 'Bijgesteld?' herhaalde de dame. 'Hoe bedoelt u? In mijn computer is sprake van een vergunning voor onbepaalde tijd, dus zonder beperkingen. Hij heeft recht op alles waarop u, ik en iedere Nederlandse burger aanspraak kan maken.' Ik was verbijsterd. 'Weet hij dat, dat van die vergunning?' 'Ja zeker,' antwoordde de dame. Ik hing op. Ik hoefde dus niets meer geheim te houden. Ik kon hen niet eens blij maken op het moment dat ik daarvoor uitkoos. Met trillende vingers draaide ik het nummer van mijn familie. Ali Nawaz nam op. 'Salaam,' zei hij toen hij mijn stem hoorde. Zo neutraal mogelijk vroeg ik hoe het met hem en amma en de anderen ging. 'Goed,' antwoordde hij monotoon. 'Ik heb nieuws, Ali, de beperkingen op de vergunningen zijn opgeheven.' Ik deed alsof ik van niets wist. 'O,' reageerde hij, 'o, mooi.' 'Hm, hm,' antwoordde ik in de hoop dat hij eerlijk zou zeggen dat hij daarvan op de hoogte was. Jammer genoeg deed hij dat niet en ik werd daar kwaad om. Ik gooide hem voor de voeten dat hij zich achterbaks gedroeg. 'Je weet toch dat dat zo is? Je bent toch al bezig een uitkering aan te vragen? Jullie weten dat de beperkingen door mij zijn opgeheven en ik hoor niets. Mij schakel je alleen in om rekeningen te betalen en problemen op te lossen. Kun je niet eens aan een ander denken?'

'Aan een ander denken, aan een ander denken...' Nu klonk Ali Nawaz' stem woest. 'Jij doet alles voor jezelf. Je hebt een grote mond, een rotmentaliteit en je bent de grootste egoïst die ik ken. Je schrijft een boek over ons en beschouwt het als jouw boek. Het is ons boek. Een familieboek dat je nota bene aan amma hebt opgedragen. Vertel mij eens wat je daarmee verdient, wat krijg je voor de rechten die aan het buitenland zijn verkocht, hoeveel gaan wij daarvan zien. Jij denkt alleen aan materiële zaken. Jouw boek, jouw werk, die inkomsten zijn van je familie, het is ons...' Ali Nawaz schreeuwde in mijn oor en ik schreeuwde terug. 'Hoe durf je! Jullie wonen in mijn huis, van mijn geld.' 'Je hoort ook voor je familie te zorgen, Hameeda, en je familie dat zijn wij. Amma, je zus, broer en zwager.' 'Mijn familie,' antwoordde ik schamper. 'Er is een bloedband, maar dat is alles. Familie... Laat me niet lachen. Ik wil dat jullie mijn huis uitgaan. Ik wil niet meer verantwoordelijk voor jullie zijn...' Ik gooide de hoorn op het toestel. Mijn broer was een leugenaar, een arrogante schurk, een schoft, een... Zelden ben ik zo boos geweest. 'En ze gaan vandaag nog mijn huis uit!' gilde ik tegen Gilmer.

Toen ik uren later weer enigszins tot bedaren was gekomen, hebben Gilmer en ik samen een plan gemaakt. Nu was het moment aangebroken om orde op zaken te stellen. Mijn familie had nu het recht onafhankelijk van wie dan ook in Nederland te wonen en werken. Mijn bemoeienis konden ze missen als kiespijn. Ik was er helemaal aan toe om me geen zorgen meer over hen te maken, me niet meer over hen op te winden en om een manier te vinden het verdriet over de mislukte hereniging een plaats te geven. 'Het is belangrijk dat ze zo snel mogelijk een huurhuis krijgen,' zei ik tegen Gilmer. 'Zodra ze ons huis uit zijn, hebben we in dat opzicht niets meer met elkaar te maken. Verder kan nu alle officiële correspondentie via hun werkelijke huisadres verlopen. Alle contracten die nog op mijn naam staan, zoals telefoon, gas en elektra, daar wil ik vanaf.' Gilmer knikte en stelde voor dat hij de familie op de hoogte zou brengen terwijl ik de zaken op een afstand regelde. Hij zag hoe ik leed en er niet alleen psychisch maar ook fysiek aan onderdoor ging. 'Het lijkt me goed dat we afstand nemen en elkaar wat rust gunnen.' Gilmers uitleg liep uit op een discussie van uren en uren. Hij probeerde amma uit te leggen hoe groot mijn verlangen naar een moeder was geweest. Gilmer confronteerde amma met haar gedrag als moeder en hoe zij tweedracht zaaide. ‘Hameeda moet dankbaar zijn. Toen ze een baby was, heb ik haar naar het ziekenhuis gebracht om haar van uitdroging te redden.’ Gilmer legde uit dat hij zo’n handeling voor je kind normaal vond. Hij vertelde over mijn teleurstelling en over de pijn die ik voelde als zij aangaf dat ze eigenlijk alleen voor Ali Nawaz en Yasmin naar Nederland was gekomen. Hij praatte tegen dovemansoren. Ali Nawaz en ook mijn moeder waren van mening dat het onze taak en plicht was voor hen te zorgen. ‘Jullie hebben geld, jullie zijn familie en dus moeten jullie voor ons zorgen.’ Gilmer legde in alle rust uit dat we in het Westen gewend waren onze eigen verantwoordelijkheid te nemen en op een andere manier voor elkaar zorgden. Gilmer deed nog een keer een poging begrip voor mijn situatie te creëren. ‘Hameeda is ziek van alle onbeloonde inspanningen, de onderlinge spanningen, de ruzies en de stress die daaruit voortkomt. Het was niet niks om garant te staan voor een hartpatiënte zonder verzekering...’ Ali Nawaz haalde zijn schouders op. Het gesprek draaide op niets uit. Gilmer stelde wel een ultimatum: ‘1 mei zijn jullie dit huis uit. Als jullie een greintje eergevoel hebben, zoek je nu zelf een oplossing.’

Ik was down, op het depressieve af. Ik handelde mijn dagelijkse beslommeringen gelaten af om tegen de avond in te storten. Soms zag ik mijn dochters kijken en zich afvragen wanneer hun oude, vertrouwde mama weer te voorschijn kwam. De enige afleiding was het werken aan dit boek. Weer hielp het om mijn gedachten en gevoelens aan het papier toe te vertrouwen. Vanzelfsprekend deed het pijn om alles te herbeleven en om mijzelf open en eerlijk in de ogen te kijken. Ik was me er zo van bewust dat ik alles weliswaar met de beste bedoelingen had gedaan, maar dat ik zeker niet altijd de juiste beslissingen had genomen. Terwijl ik probeerde met mezelf in het reine te komen, kruiste mijn familie nog dagelijks mijn pad. Niet letterlijk maar wel in de vorm van onbetaalde rekeningen en aanmaningen van bijvoorbeeld Eneco en de KPN. De instanties dreigden met afsluiting. Ook kreeg ik op een avond een telefoontje van de Mondriaan Stichting waar de familie de Nederlandse lessen van de inburgeringscursus volgde. Mijn moeder was niet komen opdagen. Ik kon het niet over mijn hart verkrijgen om te zeggen dat ik geen flauw idee had waar ze uithing. Je mag namelijk niet zomaar zonder afmelding een les missen en dus draaide ik er een beetje omheen en meldde dat ze een reden had om absent te zijn. Toen ik ophing, voelde ik de woede weer groeien. 'Zit ik nog voor ze te liegen ook. Ik lijk wel gek!' Wekenlang had ik niets meer van hen gehoord. Toen ik via de gemeente vernam dat er op mijn naam urgentie was aangevraagd voor een woning in Rijswijk was voor mij de maat vol. Ik belde Ali Nawaz om hem opnieuw te vertellen dat de familie zich moest uitschrijven van ons adres. 'Ik wil geen post voor jullie ontvangen. Ik wil geen telefoontjes voor jullie krijgen. Ik wil niet meer voor jullie zorgen, ook al denkt amma dat zij met jullie hierheen kon komen om mij te vertellen wat háár kinderen nodig hadden. Om precies te zijn: jullie zijn mijn kinderen niet en amma, ach amma, ze is mijn moeder wel… In elk geval was ze dat vierendertig jaar lang niet. Zij voelt geen verantwoordelijkheid voor ons en ik hou ermee op me verantwoordelijk voor jullie te voelen. Jullie misbruiken mijn naam…' 'Ongelooflijk,' en nog een keer herhaalde Ali Nawaz dat woord. 'Ongelooflijk, Hameeda, dat jij zo praat. Wij hebben jou lief, amma heeft jou lief.' Wat had ik die woorden graag eerder gehoord. Ik had ze willen horen op het moment dat ze me niet om financiële redenen nodig hadden. Nu viel het verkeerd. Ik verdacht hem van een laag-bij-de-grondse slijmpoging om er nog uit te halen wat eruit te halen viel. Ik werd hysterisch en noemde hem huichelachtig. Hij die mij verweet alles te doen voor materieel gewin teerde nu al een half jaar op mijn geld. 'Verdwijn uit mijn huis, zo snel mogelijk. Blijf weg uit Rijswijk. Ik wil niet dat jullie in Rijswijk wonen. Ik wil het risico niet lopen jullie hier tegen te komen. Weg uit mijn leven.' Huilend van wanhoop gooide ik de hoorn voor de zoveelste keer op de telefoon. Ik wilde ze nooit meer zien en niets mocht mij nog aan hen herinneren. In blinde woede begon ik de snuisterijen uit Pakistan te verzamelen. Een kleedje, Pakistaanse gewaden, sieraden, parfum en zelfs het kettinkje dat ik ooit als kleuter van amma had gekregen en dat Ayesha mij gaf toen ze terugkwam van haar uithuwelijkingstrip naar Pakistan. Dat kettinkje was toen voor mij het teken van amma's leven geweest. Ze kon het nu terugkrijgen en ze mocht het voorgoed houden. Alles ging in een plastic zak en ik vroeg Gilmer het bij hun deur af te leveren en de medaillonketting met de foto's van Rachel, Melanie en mij mee terug te brengen. Ik walgde van het idee dat amma ons om haar nek droeg. Stap voor stap probeerde ik me los te weken van mijn familie.

1 mei kwam en nog steeds woonden ze in ons huis. Gilmer reed zo af en toe langs en spoorde hen aan haast te maken. In de derde week van mei kreeg ik een telefoontje van Yas-

mins gynaecoloog met het verzoek op controle te komen. Ik kende de kinderwens van mijn zus en het verdriet over haar ongewenste kinderloosheid en begreep dat ze via de gynaecoloog weer een poging deed om erachter te komen waarom het niet lukte zwanger te raken. Ik belde de oproep voor de zekerheid ook zelf door. Yasmin was zwijgzaam en wist niets te zeggen toen ik haar vroeg waarom ze mijn naam had opgegeven. 'Hoe gaat het met het huurhuis?' durfde ik haar te vragen. 'Over drie dagen horen we iets,' zei Yasmin. 'Wat hoor je dan?' Yasmin vertelde dat ze mogelijk voor een huis in aanmerking kwamen en dat de beslissing over toe- of afwijzing eind van die week zou vallen. 'Bel je mij even als het doorgaat?' vroeg ik haar. 'Stel dat jullie volgende maand een woning hebben, dan kan dit huis in de verkoop.' We hoorden niets en ik besloot af te wachten. Gilmer had dit keer minder geduld en besloot na het weekend even bij hen langs te gaan. Tot zijn verbazing zag het huis er onbewoond uit. Hij ging naar binnen en struikelde over de sleutels van de voordeur. Zijn eerste indruk klopte: de familie was verhuisd en had alles meegenomen. Meubels, apparatuur en alles wat ik voor hen had gekocht: niets hadden ze achtergelaten. Gilmer kwam naar huis, vertelde het nieuws en zei: 'Zullen we dat huis maar zo snel mogelijk verkopen?' Ik huilde en knikte. Mijn familie woonde misschien wel bij mij om de hoek, want ik had geen idee waar ze zich bevonden. Toen ik het na twee weken kon opbrengen de praktische zaken af te wikkelen en mij van alle contracten te ontdoen, kwam ik er via de KPN achter dat ze in Pijnacker een huis hadden gevonden. 'Gelukkig niet in Rijswijk,' zei ik tegen Gilmer.

Praktisch gezien was ik van hen af en of de duvel ermee speelde, begon er nu weer beweging in de rechtszaak tegen mijn vader te komen. In oktober 2000, net na het verschijnen van *Verborgen tralies*, had mijn advocaat een onderzoek laten doen naar de cassatiemogelijkheden bij de Hoge Raad in samenwerking met een landsadvocaat. Reden voor het verzoek was de principekwestie om over een periode van voor 1 juli 1978 te procederen. Verborgen schade opgelopen door kindermishandelingen komen namelijk bijna altijd op latere leeftijd naar buiten. Een termijn van twintig jaar zegt dan niets. In cassatie zou het ook moeilijk zijn onder de verjaringstermijn van die twintig jaar uit te komen. In november volgde de gunstige uitspraak dat er in ons geval in plaats van vijf jaar twintig jaar was toegewezen en dat er absoluut sprake was van verborgen schade en dus reden om verder te procederen. In de loop van de maanden die daarop volgden ontving ik naar aanleiding van het verschijnen van *Verborgen tralies* de verklaringen van oud-rechercheur den Boer en die van de maatschappelijk werkster. In april 2001 verscheen de zogenaamde antwoordconclusie van de advocaat van mijn vader waarin hij voor de tweede keer onze verklaringen als leugens bestempelt. Ayesha en ik schreven opnieuw een reactie. In december 2001 volgde het zoveelste tussenvonnis met uiterst gunstige uitspraken voor ons. De rechter erkende dat de feiten zijn gepleegd maar gaf de tegenpartij de kans bewijzen voor het tegendeel te leveren en om te getuigen. Mijn vader en stiefmoeder wilden getuigen maar de voorgestelde datum van 1 februari wordt meer dan drie maanden uitgesteld wegens de hartklachten van mijn vader.

Ons dossier met bewijsmateriaal werd dikker en dikker. Uit onverwachte hoeken doken de getuigen op. Inmiddels had ook Zahida haar ervaringen op papier gezet. De afgelopen maanden met de familie hadden haar kennelijk sterker gemaakt. Ook meldde de broer van de schoonzus van mijn stiefmoeder zich. De eerste keer dat ik wegliep, ging ik naar haar. Later ben ik enkele weken bij haar en haar broer Maurice in huis geweest. Die Maurice kwam met een getuigenis. Ook de Rijswijkse politie vond verbalen waarin melding wordt gemaakt van problemen bij ons thuis. Mijn vader en stiefmoeder hadden geen poot om op te staan en toch zouden ze op 21 mei 2002 voor de rechter verschijnen.

Mei was niet mijn beste maand. Ik had gebroken met mijn Pakistaanse familie en moest nu oog in oog staan met mijn vader en stiefmoeder. Ik belde mr Nolet en vroeg of mijn aanwezigheid noodzakelijk was. 'Ja, Hameeda, jouw aanwezigheid zal altijd invloed hebben op zowel de getuigen als de rechter. Je hoeft niets te doen, maar je zult er wel moeten zijn.' Even overwoog ik Zahida te vragen mij te vergezellen, maar ik wist dat zij letterlijk ziek zou worden van de confrontatie met haar jeugd. Op het laatste moment vroeg ik mijn buurvrouw, en vriendin, mee te gaan. Ik was hypernerveus, op van de zenuwen en doodsbang. Als getuigen traden mijn vader, stiefmoeder en halfbroer op. Voor de zoveelste keer ontkenden ze dat ze ons ooit hadden mishandeld. Met afschuw luisterde ik naar hun leugens. Ze deden alsof ze niets van *Verborgen tralies* wisten of wilden weten, maar citeerden vervolgens letterlijk uit mijn boek om aan te geven wat er in specifieke alinea's niet klopte. Het ging dan om pietluttigheden zoals de start van hun eigen wasserij of het jaar dat we in Italië vakantie vierden. De rechter liet hen praten en praten en praten. Zo af en toe onderbrak ze het verhaal om een verhelderende vraag te stellen. Met het meeste gemak beweerde mijn vader dan het tegendeel van wat hij tien minuten ervoor had gezegd. Ik voelde aan alles dat ze maar wat blaatten. Telkens weer noemden ze onze verklaringen een gevolg van op hol geslagen puberfantasieën. Ze lieten foto's van sinterklaasfeestjes en vakanties zien. Mijn stiefmoeder haalde een knipsel te voorschijn van onze aankomst in Nederland: 'Kijk eens hoe vies ze er hier nog uitzien.' De rechter reageerde niet. Hoewel ik mijn erkenning via de rechter allang had gekregen, deed het me weer pijn. Doodmoe kwam ik thuis. 'Wat verwacht je hier nu nog van?' vroeg Gilmer. 'Niets. Ik verwacht niets, ik hoef niets, ik wil eigenlijk alleen maar dat er een definitieve uitspraak komt en dat dit dossier gesloten kan worden. Voor mijzelf hoef ik hier niets meer uit te halen, wel voor de grotere zaak.' Het doorgaan met de rechtszaak had voor mij nog maar één doel: wijziging in de wetgeving. Ik wilde en wil nog steeds dat kindermishandeling als onrechtmatige daad wordt erkend. Ik zie geen enkele reden waarom de daders zich mogen beroepen op hun geloof of op verschillen van culturele aard. Zodra er jurisprudentie is over kindermishandeling als onrechtmatige daad spelen opvattingen naar aanleiding van welke overtuiging dan ook geen rol meer in het vaststellen van het vonnis. Voor kindermishandeling zou er geen verjaringstermijn mogen zijn.

Langzaam maar zeker weekte ik me los van dat wat mij met een traumatisch verleden had verbonden. De erkenning van de gepleegde kindermishandeling en de spontaan geschreven verklaringen van mensen die alles met eigen ogen hadden aanschouwd, waren voldoende om mijn zaak te laten rusten. Voor mij zelf was het goed en reinigend geweest mijn vader en stiefmoeder te confronteren met de ellende die zij hadden aangericht.

De teleurstelling over de mislukte hereniging is niet zomaar verwerkt. Dag in dag uit voel ik de pijn, maar ik heb geen moment spijt van al mijn inspanningen om mijn moeder bij me in de buurt te krijgen. Als alles was gelopen zoals ik het me voorstelde, had ik er met de komst van mijn familie een aantal heel speciale vrienden bijgekregen. Het pakte anders uit. Mijn familie kwam met andere doelen. Het kostte moeite te accepteren dat ik niet werd gerespecteerd en zelfs werd afgewezen. Het deed onwaarschijnlijk veel pijn en verdriet om voor de tweede keer mijn moeder te verliezen, maar ik wist nu wel waar ik aan toe was. Van dat deel van mijn verleden had ik niets meer te verwachten. Bloedbanden konden een gat van vierendertig jaar niet overbruggen. De behoefte om elkaar hoe dan ook tegemoet te treden en te vinden ontbrak. Het was verspilde tijd en energie om met mijn verleden bezig te blijven. Het was zonde om energie te steken in dat wat ik had verloren. Er was nog zoveel over om voor te leven. Dat inzicht luchtte op. Ik heb diep in de put gezeten, was in en in moe, maar ben niet verleerd goed naar mijn omgeving te kijken. En daar zag ik een liefhebbende, onvermoeibare partner en twee stralende dochters. Ik weet nu waar ik mijn wortels en mijn kracht moet zoeken: bij mijzelf en mijn gezin. Ik weet ook aan wie ik mijn krachten wil geven. Vanaf nu vormen Gilmer, Rachel en Melanie mijn verleden, mijn heden en mijn toekomst.

Epiloog

Verborgen tralies schreef ik om diverse redenen. Door mijn traumatische ervaringen uit mijn jeugd op papier te zetten, leerde ik met dat deel van mijn verleden om te gaan. Met dat boek maakte ik míjn leed openbaar om aandacht te vragen voor wantoestanden die onzichtbaar zijn. Kindermishandeling komt overal voor. Zowel daders als slachtoffers zullen er alles aan doen om de lichamelijke en geestelijke vernederingen ongezien en onopgemerkt te houden. Zij schamen zich. Gelukkig krijgen kinderen tegenwoordig op diverse manieren hulp aangeboden. De Kindertelefoon alleen al ontvangt veel meldingen, maar nog altijd aanzienlijk minder dan wat er plaatsvindt. Veel mishandelingen blijven verborgen en te weinig ouders worden voor de mishandelingen gestraft. De verjaringstermijn is twintig jaar zodat slachtoffers binnen die periode hun zaak aanhangig kunnen maken. Het zou nog beter zijn als de verjaringstermijn niet zou gelden. Bij niet-erkende kindermishandeling blijft de schade meestal verborgen totdat het slachtoffer lang en breed volwassen is. Een verruimde of geen verjaringstermijn biedt de slachtoffers de gelegenheid de daders alsnog ter verantwoording te laten roepen. Ik strijd door in de zaak tegen mijn vader om jurisprudentie te krijgen over de status van kindermishandeling. Mijns inziens moet het ongeacht de thuissituatie als onrechtmatige daad worden aangemerkt. Geloofsovertuiging en culturele verschillen zijn geen verzachtende omstandigheden als het om kindermishandeling gaat.

Gebroken cirkel schreef ik in eerste instantie om een antwoord te geven aan de lezers die mij benaderden met de vraag hoe de rechtszaak was afgelopen en of de visa waren toegekend. Na toewijzing van de vergunningen besloten de uitgeverij en ik een boek te schrijven waarin onder andere de blijde boodschap van de toekenning zou worden vermeld en ik een indruk zou geven van ons leven na de familiehereniging. Toen eenmaal bleek dat de hereniging uiterst moeizaam verliep, twijfelde ik over publicatie. Ik vroeg me af of het niet beter zou zijn de lezer achter te laten met de hoop op hereniging zoals uitgesproken in de epiloog van *Verborgen tralies.* Ontmoetingen met lezers deden mij uiteindelijk toch anders besluiten. Tijdens lezingen werd ik voortdurend geconfronteerd met vragen of de integratie van mijn familie vlot verliep en of de omgang met mijn moeder de rust bracht waarnaar ik verlangde. De behoefte groeide om niet alleen de gouden kant, maar ook de keerzijde zichtbaar te maken. Een hereniging brengt veel (onvoorziene) problemen met zich mee. Sommige culturen verschillen als dag en nacht. Flexibiliteit, inlevingsvermogen, respect en de wil om de ander te leren kennen zijn onmisbare eigenschappen en voorwaarden om te accepteren en geaccepteerd te worden. Een onzorgvuldig voorbereide immigratie van mensen uit een totaal andere cultuur is, hoe goed bedoeld ook, gedoemd te mislukken. Ik heb die fout gemaakt, maar wellicht kan *Gebroken cirkel* anderen voor die fout en die teleurstelling behoeden.

Mijn verlangen naar mijn bloedeigen moeder was zo groot dat ik alle denkbare problemen gemakshalve over het hoofd heb gezien. Die vurige wens om van je onbekende vader of moeder onvoorwaardelijke liefde te ontvangen, in hen jezelf te herkennen en daardoor jezelf beter te begrijpen leiden tot een niet te stoppen vermogen om die ouder te vinden. Veel adoptiekinderen zullen dit gedrag herkennen. De verwachtingen zijn vaak te hoog gespannen. De dromen over hoe die ouder zal zijn en op welke sprookjesachtige manier het contact zal verlopen, berusten op fantasie. Doorgaans hebben de betrokkenen elkaar tien jaar, twintig jaar of nog langer niet meegemaakt. In de praktijk blijkt het heel lastig te zijn om die tijdsspanne en de eventuele culturele verschillen te overbruggen. Gezamenlijke herinneringen ontbreken en daardoor kan het moeilijk zijn wederzijds begrip te tonen. Dit boek is geen poging mensen te weerhouden van de zoektocht naar die onbekende vader of moeder. Het zoeken naar antwoorden over je wortels en de zin van het bestaan blijft immers belangrijk. Wel is het een advies de verwachtingen niet te hoog te stellen en zo reëel als mogelijk te formuleren.

Het schrijven van zowel *Verborgen tralies* als *Gebroken cirkel* heeft mij gedwongen nog meer in mijn verleden te spitten dan ik misschien zelf wilde. Die jacht op feiten en emoties heeft mij pijn gedaan, maar hij heeft mij ook hoop op en vertrouwen in de toekomst gegeven. Ik verwachtte dat mijn moeder de sleutel zou zijn tot de rust en het geluk waar ik al jaren naar zocht. Door mijn verleden en de bijbehorende emoties te kennen en te benoemen kwam de verwerking ervan op gang. Mijn moeder bleek niet de schakel om de cirkel rond te krijgen. Haar komst maakte duidelijk dat onze familieband onherstelbaar beschadigd is en voor altijd gebroken zal blijven. Ik weet nu dat ik mijn kracht niet moet zoeken bij een moeder die ik nauwelijks ken. Levenskracht haal je uit jezelf. Tot die conclusie ben ik na al die dolende jaren gekomen. De ervaringen hebben mij heel veel geleerd en uiteindelijk de innerlijke rust en bevrijding gegeven waarnaar ik zocht. Het verleden doet er niet meer toe. Alles draait om het heden en de toekomst.

Dankwoord

Mijn bijzondere dank gaat uit naar mijn man voor zijn vertrouwen, liefde en steun, waardoor hij mij de mogelijkheid gaf om de reis door mijn verleden te maken. Het vergde veel geduld en opoffering om alles tot het einde toe vol te houden. Zijn tomeloze inzet, energie en kracht waren van onschatbare waarde om alles samen te doorstaan. Op kritieke momenten was hij er altijd.

Ik bedank ook mijn twee lieve dochters voor het besef dat mijn moederliefde oneindig is. Het leven heeft door hen zoveel meer betekenis gekregen. Vroeger kon ik me geen voorstelling maken van hoe het zou zijn om kinderen te hebben; nu is elke dag anders en ik kan me mijn leven niet meer voorstellen zonder hen. Ik koester al onze herinneringen en ben dankbaar voor elk moment dat nog voor ons ligt.

Speciale dank aan tekstschrijver Magda van der Rijst, zonder wie dit boek er nooit was gekomen, voor haar journalistieke kennis en haar gave om mijn emoties zo mooi te verwoorden. Ik heb respect en bewondering voor haar inzet en haar doorzettingsvermogen en ik koester onze bijzondere vriendschap.

Een speciaal woord van dank voor de niet-aflatende steun en vriendschap van uitgever Tanja Hendriks, redacteuren Ingrid Meurs en Erwin Koning en publiciteitsmedewerker Elisabeth Koning. Hun enthousiasme, geduld en vakkundigheid waren voor mij onmisbaar. Dank ook aan alle medewerkers van uitgeverij Arena voor hun inzet, geloof en vertrouwen in mij en voor het succesvol publiceren van mijn eerste boek *Verborgen tralies*. Ik voel mij bevoorrecht dat mijn verhaal is opgenomen in de serie Bewogen Vrouwenlevens, waargebeurde levensverhalen die mij telkens weer raken.

Linda Michaels en mijn buitenlandse uitgevers wil ik bedanken voor hun inzet om mijn verhaal internationaal onder de aandacht te brengen.

Vervolgens wil ik alle lezers van *Verborgen tralies* en iedereen die heeft bijgedragen aan de hereniging met mijn moeder bedanken voor alle steun, brieven, reacties, lieve woorden, troost en aanmoediging. Zij zorgden ervoor dat ik mijn strijd niet heb gestaakt. Ik heb daardoor mijn verleden achter mij kunnen laten om open te staan voor de toekomst.

Hoewel de hereniging voor mij en mijn zussen met onze familie anders is verlopen dan ik had gehoopt, ben ik toch dankbaar dat ik de kans heb gekregen om hen te leren kennen. Blijkbaar was de confrontatie met mijn familie voor mij de enige manier om de pijnlijke waarheid te aanvaarden en eindelijk mijn verleden los te kunnen laten, en de toekomst weer met vertrouwen tegemoet te kunnen zien.

Tot slot bedank ik al mijn naaste en dierbare vriendinnen en kennissen voor een luisterend oor, emotionele betrokkenheid en steun.

Interview

Met haar boek *Verborgen tralies* zet Hameeda Lakho (35) een punt achter haar verleden. Geen gemakkelijke opdracht, want de Pakistaans-Nederlandse heeft een moeilijk en bizar leven achter de rug. Ze werd als kind mishandeld en leefde jaren in de veronderstelling dat haar moeder dood was. Een gesprek over overleven, verwerken en opnieuw beginnen.

Niets aan Hameeda Lakho herinnert aan de afschuwelijke jaren die achter haar liggen. Ze straalt zelfvertrouwen uit, lacht en praat honderduit. Maar bij de eerste vraag over haar jeugd wordt ze onrustig en antwoordt ze op fluistertoon. Onbewust laat ze hierdoor de ijzige kilte voelen die haar jeugdjaren zo typeerden. Samen met haar moeder en zussen kwam Hameeda als vierjarige naar Nederland in het kader van de gezinshereniging. Haar vader die al een tijdje in Nederland woonde en tot dan toe een grote onbekende voor de kinderen was, bleek een tiran te zijn die zijn dochters mishandelde, opsloot in hun slaapkamers, drilde en uiteindelijk onderbracht bij zijn Nederlandse vrouw. Hun biologische moeder bracht hij terug naar Pakistan. Hij vertelde zijn dochters dat hun moeder was verongelukt. Pas jaren later ontdekten Hameeda en haar zusters dat hun moeder nog leefde.

Als kind moest je van de ene op de andere dag verder in een vreemd land, zonder je moeder. Behoorlijk traumatisch.

'Dat kun je wel stellen. Ik snapte er niets van en was hysterisch toen ik van mijn moeder werd gescheiden. Ik hing erg aan haar, ze was mijn alles. Toen ze er opeens niet meer was, kwam ik van een hemel in een hel terecht. Ik had geen moeder meer die naar mijn verhalen luisterde, me knuffelde, me troostte. Dat miste ik verschrikkelijk. Ik wilde ook constant over haar praten. Maar dat was verboden. Mijn moeder werd doodgezwegen in het huis van mijn vader en stiefmoeder. We mochten geen vragen stellen, niet praten, niet lachen. We wérden geleefd. Ons gevoel werd eruit geramd. Het belangrijkste was presteren. Dat betekende eten koken, het huis schoonmaken en later hoge cijfers halen op school. Als een zombie deed ik wat van mij werd verwacht. Want ik was als de dood voor de lichamelijke straffen en de geestelijke vernederingen. Zodra mijn vader of stiefmoeder de sleutel in het slot stak, begon ik te trillen.'

Wanneer begon je je te verzetten tegen dit strenge regime?

'Toen ik in de gaten kreeg dat ik het nooit goed kon doen. Alles was fout in de ogen van mijn vader en stiefmoeder en er werd geslagen zonder aanleiding. In het begin trok ik me dat aan, maar later deed het me niets meer. Ik voelde geen pijn en onderging alles gelaten. Wat ik wel erg bleef vinden en waar ik maar moeilijk mee kon omgaan, was het gevoel dat ik ongewenst was. Ik wilde juist zo graag dat ze me thuis accepteerden, me liefhadden. Ik begon weg te lopen. Dat was voor mij een manier om te laten zien dat ik zo niet verder wilde leven. Want gek genoeg had ik al die keren dat ik uit huis vluchtte en mijn vader me van het politiebureau kwam ophalen, hoop. Hoop dat hij nu naar me zou luisteren, me zou begrijpen. Maar toen ik voor de zoveelste keer was gevlucht en hij me voor de laatste keer op het politiebureau bezocht – ik wilde beslist niet mee naar huis – zei hij: "Voor mij ben je dood, Hameeda." Pas toen had ik geen hoop meer en gaf ik de strijd om de liefde en goedkeuring van mijn vader op. Ik was alleen, geestelijk een wrak en ik miste mijn moeder meer dan ooit. Het is bijna niet te omschrijven hoe die eenzaamheid voelde. Maar dat gevoel van toen, komt nu nog weleens boven.'

Op welke momenten?

'Dat is niet altijd te voorspellen. Laatst werd een vriendin van me begraven. Ze was nog jong en liet een man en een kind achter. Toen ik haar kind zag staan, moederloos en verdrietig, kwam mijn jeugd in al zijn hevigheid weer boven. Ik weet wel dat dit kind een vader heeft die hem liefdevol zal verzorgen, maar het idee dat de band tussen een moeder en een kind zo abrupt kan worden afgebroken, vind ik ondraaglijk. Na de begrafenis was ik weken van slag.'

Dus met het verlaten van het ouderlijk huis, kon je het verleden nog niet afsluiten.

'Nee, en dat terwijl ik dacht: als ik eenmaal uit huis ben, dan ben ik vrij! Maar zo was het niet. De verborgen tralies bleven. De angst, spanning en verdriet van vroeger nam ik met me mee. Ik had geen goede band met mijn zusters omdat we thuis alleen maar bezig waren met overleven. Het enige wat we deelden toen we het ouderlijke huis verlieten, was angst. En dat was niet voldoende om ons te binden. Ik belandde in kindertehuizen en was een gebroken kind met een minderwaardigheidscomplex. Het heeft me jaren gekost om mijn vertrouwen in de mens, mijn trots en waardigheid terug te vinden. Daarvoor moest ik eerst mezelf terugvinden. Weten wie ik werkelijk was. En dat wilde ik ook graag, want de cirkel was nog niet rond voor mijn gevoel. Maar ik kon het op dat moment nog niet; ik was nog niet klaar om op zoek te gaan naar mijn identiteit, naar mijn wortels. Ik wilde toen nog niets met Pakistan en zijn cultuur te maken hebben. Dat herinnerde me te veel aan mijn vader en die probeerde ik juist te vergeten.'

Je schrijft in je boek: de geboorte van mijn oudste dochter was het begin van een lange reis naar mijn verleden en naar mijzelf.

'Mijn eerste zwangerschap maakte veel emoties bij me los. Ik was tot dat moment best sterk geweest, had een leuke man ontmoet en een eigen leven met hem opgebouwd. Maar de komst van dit kindje legde mijn ziel bloot. Ik voelde heel veel liefde voor het nieuwe leven dat in mijn buik groeide, maar was tegelijkertijd ook bang. Bang dat ik door mijn verleden geen goede moeder zou zijn. Ik had immers nooit een goed voorbeeld gehad. Ook de vragen kwamen: waarom had mijn moeder mij in de steek gelaten? Hoe kon ze nu haar eigen kinderen overleveren aan de grillen van een agressieve man? Ik wilde ook weten waar ik vandaan kwam. Ik voelde me Hollandser dan Hollands, maar een blik in de spiegel was genoeg om te zien dat anderen dat niet zo zagen. Ik had steeds mijn afkomst verloochend en daarmee verloochende ik eigenlijk ook mezelf. Ik probeerde zonder wortels te leven, maar dat gaat niet. Ik moest graven in mijn verleden om antwoord te krijgen op bepaalde vragen. Ik moest iets doen om innerlijke rust te krijgen. Dat was ik aan mijn kind verplicht. Als zij ooit vragen zou stellen, dan moest ik ze kunnen beantwoorden.'

Via je zuster kwam je erachter dat je moeder nog leefde. Je besloot naar haar toe te gaan. Wat verwachtte je van deze hereniging tussen moeder en dochter?

'Ik was vooral bang. Misschien had ik wel niets met deze vrouw en zou ik voor de zoveelste keer teleurgesteld worden. Zij had ons immers in de steek gelaten en dat was ik niet vergeten. Toch bracht het eerste telefoongesprek me al in verwarring. Ik werd meteen rustig toen ik haar stem hoorde. Er is niemand die mijn naam zo uitspreekt als zij. Ik heb haar nu drie keer bezocht in Pakistan en zij is een keer hier in Nederland geweest. Ze heeft me stukje bij beetje verteld wat er nu precies is gebeurd en me veel verteld over de Pakistaanse cultuur. Mijn moeder treft geen enkele blaam, weet ik nu. Eigenlijk is zij ook een slachtoffer van mijn vaders handelen. Doordat ik nu meer van de achtergronden en de Pakistaanse cultuur weet, heb ik ook meer begrip voor het onderdanige gedrag en de volgzaamheid van mijn moeder. Wij in Nederland *weten* dat het ook anders kan. Dat een relatie tussen man en vrouw ook gebaseerd kan zijn op wederzijds respect. En dat *weten* maakt ons opstandig. Mijn moeder heeft nooit iets anders gezien dan vrouwen die binnenshuis leven, altijd klaarstaan, onderdanig zijn en een sluier dragen. Dan mag ik toch niet iets anders van haar verwachten?'

Hoe is de band met je moeder nu?

'Die is heel bijzonder. Als ik bij mijn moeder ben, kan ik uren bij haar op bed zitten. Naar haar kijken, haar vasthouden en knuffelen. We spreken niet dezelfde taal, maar dat hebben we ook niet nodig. We begrijpen elkaar ook zonder woorden. Mijn moeder behandelt me nu als een van haar dochters. De eerste keer na de hereniging dat ik besefte dat dit gebeurde, zal ik niet snel vergeten. Ze borstelt en oliet iedere avond de haren van mijn jongste broer en zus. Het is een vast ritueel, dat bij hun gezin hoort. Als ik ernaar keek, zag ik de band tussen moeder en kind en voelde ik me altijd een buitenstaander. Op een avond begon mijn moeder ook mijn haren te borstelen. Het was een emotioneel moment en ik begon spontaan te huilen. Ik dacht: dit is het dus. Zo voelt onvoorwaardelijke liefde. Zo voelt liefde die geen woorden nodig heeft. Het is jammer dat mijn moeder helemaal in Pakistan woont en niet vrij heen en weer mag reizen. Ik heb er alles aan gedaan om dat voor haar te regelen, maar helaas zonder resultaat.'

Daardoor leef je als het ware tussen twee werelden.

'Klopt. Als ik bij haar ben, mis ik mijn kinderen. Ben ik hier in Nederland dan mis ik haar. Mijn gevoel wordt verscheurd tussen twee werelden en dat is soms erg moeilijk.

Heb je ook moeite om tussen de twee culturen te manoeuvreren?

'Nee, ik sta open voor andere culturen en heb een *open mind.* Iedere cultuur heeft iets moois. Een cultuur is ook hoe je het zelf invult. Sommige dingen – vaak de negatieve – zitten niet in de cultuur maar in de mensen. De mensen hebben vaak zelf de strenge regels, geloofsovertuigingen en tradities bedacht en willen dat hun kinderen weer opleggen. En juist daardoor komen kinderen die tussen twee culturen opgroeien in de problemen. Hun ouders hebben hen een bepaald gedachtegoed opgelegd, terwijl ze overal om zich heen andere voorbeelden zien. Dat is lastig manoeuvreren. Want het enige wat jonge mensen willen is erbij horen zonder hun ouders teleur te stellen. En die twee dingen gaan in veel situaties niet samen.'

Heb jij met je Pakistaanse familie discussies over de verschillen tussen de Nederlandse en Pakistaanse cultuur?

'Discussies is een groot woord. We accepteren en respecteren elkaar. Ik merk wel dat we constant moeten blijven praten over hoe we in het leven staan. Mijn jongste broer is opgegroeid in Pakistan en toen hij hier een keer een erotisch getint programma op de televisie zag, veroordeelde hij dat sterk. Bovendien haalde hij er nog meer dingen bij. Hier in Nederland kon alles maar: kinderen krijgen zonder te trouwen, met iedereen naar bed, blote lichamen op tv, vreemdgaan. Ik werd toen een beetje boos op hem want hij generaliseerde, terwijl dit iets individueels is. Het is waar dat ik alle vrijheid heb om te doen wat ik wil op seksueel gebied, maar uiteindelijk kies ik zelf. Ik beslis zelf waar ik voor sta en bepaal zelf mijn normen en waarden. We zijn er inmiddels achter dat mijn normen en waarden in wezen niet veel verschillen van die van hem.'

Ben je erg aanwezig als moeder wat betreft de opvoeding van je eigen kinderen?

'Als een moeder die geborgenheid en liefde geeft, ben ik erg aanwezig. Ik ben een moeder die thuis op ze wacht met een pot thee. Ik probeer ze de goede richting op te sturen. Ik weet niet hoe hun leven gaat lopen. Waar ik wel voor kan zorgen is dat ze zich breed ontwikkelen. Ik neem ze mee naar Pakistan en laat ze zien dat niet ieder kind speelgoed heeft, maar ik laat ze ook zien dat geluk niet alleen afhangt van materiële dingen. De kinderen daar lopen op blote voetjes en in besmeurde kleertjes. Maar ze zijn wel gelukkig, want hun ogen stralen. Ze zijn gelukkig omdat ze een familie om zich heen hebben die ze liefde geeft en van ze houdt. En daar gaat het om in het leven. Iedereen jaagt geluk na en heeft daarbij hulp nodig van ouders en de omgeving. Mijn kinderen zijn zeven en negen jaar oud en misschien nog te klein om die boodschap te begrijpen, maar als moeder probeer ik nu al die basis voor hun geluk te leggen.'

Interview met Hameeda Lakho in de *Libelle*, een half jaar na publicatie van *Verborgen tralies.*

Mocht u naar aanleiding van dit boek hulp of meer informatie nodig hebben, dan kunt u contact opnemen met een van de volgende instanties.

De Kindertelefoon 0800-0432 (gratis)
(elke dag van 14.00 tot 20.00 uur)

NIZW (Nederlands Instituut voor Zorg en Welzijn)
Infolijn 030-2306603
(meldpunt kindermishandeling en vermissing)

Eerste Lijn / Meldpunt Vrouwenopvang 020-6116022
(bemiddelt, verwijst en informeert vrouwen in een crisissituatie)

Stichting Korrelatie 0900-1450
(werkdagen van 9.00 uur tot 22.00 uur)

TITELS IN DE SERIE BEWOGEN VROUWENLEVENS

Henriette Akofa – *Een slavin in Parijs*
Norma Khouri Albqaeen – *Verboden liefde*
Aman – *Het verhaal van een Somalisch meisje*
Laura Blumenfeld – *De roep om vergelding*
Waris Dirie – *Mijn woestijn*
Waris Dirie – *Dochter van de nomaden*
Sandra Gregory – *Bangkok Hilton*
Ileana de la Guardia – *De naam van mijn vader*
Corinne Hofmann – *De blanke Masai*
Malika Kaddour – *Gestolen dochters*
Hameeda Lakho – *Verborgen tralies*
Hameeda Lakho – *Gebroken cirkel*
Malika Oufkir – *De gevangene*
Irina Pantaeva – *Siberische droom*
Marina Picasso – *Mijn grootvader Picasso*
Siba Shakib – *Naar Afghanistan komt God alleen nog om te huilen*

Kijk voor meer informatie over deze titels op
www.boekenarena.nl

Verborgen tralies

Het aangrijpende verhaal van Hameeda's jeugd tussen twee culturen en de ontmoeting met haar doodgewaande moeder.

ISBN 90 6974 452 X
Prijs € 12,50